国語教育選書

国語科の学び
を深める
アクティブ・リーディング

〈読みの方略〉の獲得と〈物語の法則〉の発見Ⅱ

佐藤佐敏 著

明治図書

はじめに

　前著『国語教育選書　国語科授業を変えるアクティブ・リーディング―〈読みの方略〉の獲得と〈物語の法則〉の発見―』がおかげさまで第３刷となり，続編を書く機会を頂戴致しました。ありがとうございます。

　前著では，次の４つのコンセプトを基に授業論を提案しました。

１）これまでの多くの国語科の研究者，実践家が努力してきたにもかかわらず，国語は人気のない教科です。他教科と比べて「国語の授業が好きだ」と答える子どもは残念ながら多くありません。人気のない原因の１つは，授業で，何が分かったのか，何ができるようになったのかが不明瞭だからです。そうであるならば，「何が分かったのか，何ができるようになったのか」を授業で顕在化したいと考えます。

２）国語の読みの授業で理解したことは，実際の生活のなかで生きて働くことはあるのでしょうか，それは不明です。教室学力にとどまらない，実生活に生きて働く国語の力を養う理路を明瞭化したいと考えます。

３）授業の目的は，「豊かな言語生活」を送ることのできる子どもたちを育てることにあります。読みの授業で言えば，教師がいなくとも作品を読める「自立した読者」を育てることです。自立した読者を育成することを目的とすると，国語の授業で習得する知識や技能を改めて問い直す必要があります。その問い直しを基に授業論を確立します。

４）上記３点を克服するには，国語の授業で〈読みの方略〉を獲得させたり，〈物語の法則〉を発見させたりして，それらを実生活の中で活用できるようにするとよいと考えます。それは，コンフリクト→内化→外化→リフレクションという学びのサイクルをとることで実現します。この学びのサイクルを基にした授業モデルを具体的な教材を例にして整理します。

本著も前著と同じコンセプトに沿って執筆します。

では，文学の授業で「分からなかったことが分かった」「できなかったことができるようになった」というのは，どういう状況なのでしょう。「平家物語」の「扇の的」の「弓流し」の場面で考えてみましょう。

> 子どもA　与一は，黒革をどしの武者を射よと命じられて嫌だったことだろう。でも，よく射たと思う。
>
> 子どもB　Dさんが，「『かぶら矢』ではなく『中差し』を使ったので，与一は充分に殺意をもっていた」と言っていたけれど，それを聞いて，そのとおりだと思った。与一は黒革をどしの男も射る気満々だったんだと分かった。
>
> 子どもC　与一は源氏のヒーローだから「嫌々射た」と思いたかったけれど，その根拠が1つもなかった。そのかわり，「中差し」を使ったという根拠が見付かった。やはり，テクストに根拠を求めないと，思い込みの読み，独りよがりの読みになると分かった。

子どもAのような読みを許容している国語教室が多いのではないかと推測します。子どもの読みをすべて尊重して受容する授業です。また，子どもBの感想も多いと推測されます。いわゆる〈納得解〉を記している姿です。では，子どもCの感想はどうでしょう。子どもCは，テクストに根拠を求めて読むという〈読みの方略〉について触れています。自分の読みをメタ認知している姿です。このように〈読みの方略〉を自覚し，それを使いこなすことができれば，「学びに向かう力」が強化され，子どもの〈読み〉の世界は今まで以上に豊かに広がるのではないかと推測されます。

2017年改訂の学習指導要領から，学力観がコンテンツ・ベースからコンピテンシー・ベースに変わり，「資質・能力」の育成が授業の目的であると提示されました。「何が分かったのか」「何ができるようになったのか」は「知識及び技能」にあたります。どちらかというと，今回の学習指導要領では，汎用性の高い「思考力，判断力，表現力等」にスポットが当たり，「知識及

び技能」は後景に退いた感がありますが，そもそも国語の授業では，その「知識及び技能」も不明瞭そのものでした。本件については，44頁で詳しく述べますが，まずは，文学的文章を扱った読みの授業においても，「知識及び技能」を明瞭化し，〈読みの方略〉を獲得させ，〈物語の法則〉を発見させたいと考えます。

　「授業で何が分かったのか，何ができるようになったのか，それが分からない。だから，国語は嫌いだ」という子どもたちが減り，「物語にも法則があることを知った，読み方が身に付いた，国語の授業も面白いな」と言える子ども，「国語の授業で知った読みを実生活で試してみたい」と言える子どもを増やしたいと考えます。

　そして，その実生活につなげるために，筆者は身の回りのサブカルチャーから読書へと学びを架橋していく方法論を提示します。毎日新聞東京本社が発行する『読書世論調査2020年版』（2020：124-125）には，次のデータが載っています。「学校で，先生や司書に本をすすめられるか」という質問項目で，「まったくすすめられない」，「あまりすすめられない」と回答した児童と生徒の割合が小学校58.2％，中学校69.2％，高校生74.5％だったそうです。国語の教科書には「本の紹介」に関する頁がありますので，薦められていないはずはありません。この数値は，日々の文学の授業においても授業内容を読書へ発展させている教室が少ないことを物語っています。また，他のデータでは，児童や生徒が友達同士で本を紹介し合う有効性が認められていますので，このことから「本について語り合ったり，紹介し合ったりするコミュニティの形成」が，読書意欲の重要な要因となっているのが分かります。

　本著では，教科書教材を読んだ後に，身の回りのサブカルチャーから読書へと興味や関心を広げますので，このコミュニティの形成に期待がもてます。

　〈読みの方略〉を獲得し，〈物語の法則〉を発見することで，教室を離れた子どもたちが，今まで以上に読書に親しみ「豊かな言語生活」を送ることができるように願っています。

2021年10月

福島大学　佐藤佐敏

Contents

第1章
理論編
豊かな言語生活に誘う
アクティブ・リーディング

第2章
実践編
小学校教材での
アクティブ・リーディングの授業

第3章
実践編
中学校教材での
アクティブ・リーディングの授業

第4章
教材研究編
小・中学校教材の
〈物語の法則〉と〈読みの方略〉

第 1 章

理論編

豊かな言語生活に誘うアクティブ・リーディング

1

〈家庭の文化資本〉の格差
〈読める〉子を中心に授業を進めるという罪

教育は，弱者ベースで進めるものです。授業のターゲットは，〈家庭の文化資本〉の低い子どもと国語嫌いな子どもです。

前著の1丁目1番地で記したことを敢えて再録したいと思います。内田樹氏（2008：65）からの引用です。本著も，ここから始めます。

> 「本を読んで自分の感想を自由に書く」というのと「漢字を百個覚える」というのでは，何となく前者の方が自由度の高い，学力差のつかない教育法であるような感じがする。
>
> しかし，家庭内に語彙が豊かで，修辞や論理的なプレゼンテーションにすぐれた人間がいる子どもと，そうでない子どもの間では「自分の気持ちを自由に表現する」ことにおいてすでに決定的な差が存在するだろう。

小学校低学年の教室では，やたら暴力的な言葉を発する子どもがいることでしょう。その子は，どこでその言葉を覚えたのでしょうか。

それは，その言葉を教えている身近な人がいるということです。親が子どもに暴力的な言葉を浴びせている可能性が高いと言えます。その毎日の言葉の洪水の中で，子どもは言葉を身体に取り込んでいます。

その一方，私たちの指導と関係なく，いつも気の利いた発言をする子どももいます。その子の家庭では，保護者が日常的に豊かな表現で子どもに接しているのでしょう。これを〈家庭の文化資本〉の格差と言い，その格差は残念ながら教室に入る前に既決的です。

大学の授業で本件を教えたところ，次のようなリアクションコメントが寄

せられました。

> 　私は「子どもに自由に書かせる授業」が大切だと思っていた。というのも，私自身が，昔から作文が得意で，書きたいものを書けば評価されてきたからである。しかし，今日の講義で，どれだけ自分が視野が狭かったかを痛感した。家庭の文化資本の少ない子どもの文の書けない気持ちを理解できないまま教師になっていたかもしれないと思うと，とても恐ろしい。(後略) ……

　このコメントを読んで，筆者は失笑してしまいました。これこそが，学生に書いてほしいコメントだったからです。学生は，「書きたいものを書けば評価されてきた」と書いています。まさに，この学生は，「どういったことを書けば教師が評価してくれるのか」を知っていたわけです。

　如何でしょう。どの教室にも教師が答えてほしいことを発言してくれる子どもがいます。この子どもを指名すれば，授業が落ち着くところに落ち着くという子どもです。例えば，公開授業の最後に発言する子どもですね。こういった気の利く子どもの陰に隠れて，「書けない子」を見逃している実態がないか，再点検したいところです。

　ちなみに，このコメントを書いた学生は私の研究室に入り，絵本を扱った読書指導を卒業論文のテーマに取り上げました。ご家庭は絵本に囲まれていて読み聞かせをたくさんしてもらっていたそうです。小さいころからずっと読書に浸ることのできる文化資本の中で育ってきたわけです。

　この学生の故郷は関西であり，夏休みに自宅に帰るというので，ゼミ発表の合間の雑談の際に「(大学のある福島から) 夜行バスで，どれくらいかかりますか？」と尋ねました。すると学生は，「先生，私はバスでなく，仙台空港から飛行機で帰ります」と答えました。帰省する時，多くの学生たちは夜行バスを利用しているというのに。どうやら，世の中，いろんな格差が広がっているようです。

2

読書の海に浸らせる

泳ごうとしない子，泳げない子への支援を忘れない

教師の〈読み〉を押し付けて子どもを読書から遠ざけることは避け，自由に読書に浸らせたいものです。それと同時に，浸れない子どもへの支援も考えたいものです。

> 一人一人の子どもの感性を大切にして，教え込むことなく，ましてや教師の〈読み〉を押し付けることなく，子どもたちを読書の世界に浸らせたいものです。教師が主導せず，子どもたちが自ら書籍に手を伸ばすように，教師はあくまでサポーターとして，フォロワーとして，子どもの自主性を信じて授業したいものです。そして，授業では一人一人の〈読み〉を尊重して，一人一人が表出した〈読み〉を認めてあげたいと考えます。

国語を専門とする教師になった人は誰しもそう思っているでしょう。

しかし，そう思っている私たちが行う「ただひたすら作品に浸る授業」で果たして，前項で取り上げた〈家庭の文化資本〉の乏しい子どもが，作品世界に没入しているかどうかは，冷静にその実態を見取る必要があるでしょう。小学校低学年の学級なら大丈夫かもしれません。が，学年が上がるとなかなか厳しくなります。殊に，「荒れた学級」を経験した教師や「特別な支援の必要な子どもをたくさん抱えた学級」を任された教師は，彼らの学びの意欲の継続がとても困難であることを知っています。実力のあるひと握りの教師の学級以外では，「ひたすら作品に浸る授業」をすることで日々読書に浸ることのできる子どもを増やすのは難しいと思われます。

読書の海にどっぷり浸る授業でありたいものです。そして肩どころか顎までどっぷりと読書の海に浸らせたい……。ただ，その海で飽きもせずいつま

でも泳げる子もいれば，さっさと陸に上がりたい子がいるわけです。その個人差に気付かないふりはできません。飽きの早い子にどう対応したらよいか，それが問題です。

　また，読書の海で思う存分泳がせたいと思っても，まずもって海に入らない子さえいます。海に連れて行っても，泳がない子もいます。彼らに共通しているのは，泳げないということであり，泳ぎ方を知らないということです。そして，泳がないかぎり，泳ぎの喜びや楽しさは実感できません。教育の対象となるのは，まさに，この泳げない子どもたちです。海で溺れてしまっては大変ですから最低限の泳ぎ方は知っていたほうがよいでしょう。なんとか泳がせて，泳ぎの楽しさを実感させたい。

　同じように，なんとか作品を読む楽しさを実感させたい。

　しかし，その一方，無理矢理泳ぎ方を教えることで，泳ぐことが嫌になり，二度と海に潜りたくないという子もいます。「こう泳げ」と押し付けることで抵抗感が生じ，なお一層泳ぎたくなくなる子どもです。ですので，教師がグイグイと〈読み〉を押し付けるのではなく，子どもたちに考えさせ，子どもたち自身に〈読み〉の楽しさを発見させてあげたい。本著はそれをねらっています。

　筆者は「〈読みの方略〉の獲得」を掲げています。〈読みの方略〉という浮き輪はあってもよいでしょう。浮き輪で泳いでいるうちに，「ああ，泳ぐのも楽しいな」と感じてもらいたいということです。

　読書に浸ることを海で泳ぐことにたとえて，お話してきました。

　本著で，〈読みの方略〉や〈物語の法則〉を教える意図は，まず，泳げるようになりましょうよ，ということです。また，コンフリクトのある学習課題を大切にするのは，「ただ浸っているだけ」では飽きてしまう子がいるので，さっさと陸に上がる前に，海に浸っている楽しさを味わわせてあげたいということです。

　教師の読みを押し付けず，子どもたちが自ら〈読みの方略〉を獲得し，自ら〈物語の法則〉に気付く授業の〈仕掛け〉を用意したいのです。

3

〈サブカルチャー〉から豊かな言語生活へ
漫画・アニメ・ドラマ・映画などから読書へ

　読書するという体験が貧弱になっているという統計データがたくさんあります。映画やドラマ，漫画やアニメといった〈**サブカルチャー**〉と手を組むことから始めましょう。

> 　読書は，「テレビ」「ゲーム」「SNS」「YouTube」に完敗しています[1]。

　一昔前であれば，そこには「漫画」が入っていたかもしれません。今や，「漫画でもよいから，文字に触れてほしい」という時代になりました。学生たちと一緒にいると，年々，文字情報を映像化したり，その文学世界を想像したりする力が貧弱になっているような気もします。

　皆さんは，1ヶ月にどれくらいの書籍を読んでいますか。では，1ヶ月にどれくらいの映画やドラマを見ていますか。書籍を読む時間のとれない人も，たくさんの〈**サブカルチャー**〉には接していることでしょう。〈**サブカルチャー**〉との幸せな出合いは，その感想を誰かと〈共有〉したい欲望を生みます。最近は，気軽にネット上に書き込むことも可能となりました。その時に，その作品についてどのように語るかは，作品の理解力と自身の表現力が試されます。やはり，作品の核に迫るコメントや，敢えて核からズラした曲解などを〈共有〉して，そのネット上のサロンを楽しみたいものです。

　文芸の世界と〈**サブカルチャー**〉の垣根が曖昧になっています。漫画やアニメ，映画やドラマはすでに私たちの生活の一部になっています。

　本著では，「授業で獲得した作品の〈原理〉や〈法則〉が他の作品でも当てはまるか調べてみたい」という意欲が湧くように授業を構成しています。まずは，映画やドラマやアニメといった映像作品から入ってみてはいかがで

しょうか。それが，「絵本」や「漫画」になり，いずれ図やイラストのない「書物」に手を伸ばしてくれたら，なおよいことです。最終的には，教科書教材を扱った後，同じジャンルの本，同一作家の本，同じテーマの本に手を伸ばしてくれる子どもが増えることを期待しています。

　本著の実践編では，汎用性のある作品の〈原理〉や〈法則〉を記述しました。

　作品を読んだ感想や考えを言語化する方法を教えて（読み方を教え，書き方を教えて），〈サブカルチャー〉に接した時の言語化を促し，その感想を仲間と共有する喜びを味わわせたいのです。

> 　物語の〈原理〉や〈法則〉を知り，身近な〈サブカルチャー〉でそれを仲間と共有し合うことで，日々の言語生活が豊かになることをねらっています。

　少し話が脇道にそれますが，私の研究室の学生が卒論で，アニマシオンのゲームを取り入れた「朝の会のプログラム（4日間）」を作成し，ある教室で実施しました。そして，そのプログラム実施前の1ヶ月と実施後の1ヶ月の図書館での貸出冊数を比較したところ，学級での貸出冊数の総数が増加していました。統計的処理をしたところ有意であり，プログラムの効果が実証されたのです[2]。

　しかしながら，短期集中型アニマシオンの実施プログラムですので，この効果は決して永続的なものではなく，やがて図書館の貸出冊数も減少していくことが予想されました。短期集中型プログラムの効果は短期で終わることが予測されるわけです。しかし，もし長期継続型プログラムで年間を通して行えば，その効果は短期集中型プログラムより長く続くことが期待できるでしょう。年間を通して，本著で提案している授業を行うことで，長期的に読書に親しむ子どもを育てたいと願っています。

　授業はもちろんですが，朝の会や給食の時間などを活用して，〈サブカルチャー〉と読書をつなぐ話を子どもとたくさん共有したいものです。

4

コンテンツ・ベースから コンピテンシー・ベースへ
コンテンツ・テストは人生の成功を予測しない

コンテンツ・ベースとは，知識や技能を重視する学力観であり，コンピテンシー・ベースとは，その知識や技能を使う「思考力，判断力，表現力等」や，「学びに向かう力，人間性等」をも含む学力観です。

　コンテンツ・ベースからコンピテンシー・ベースに変わったというのはどういうことなのでしょう。平たく述べてみましょう。

　授業の目的は，かつて「確かな学力を高める」ことにありました。そして，その学力の中核は，豊富な知識と技能にありました。しかし，私たちの生きる時代は，過去に獲得した知識や技能だけでは豊かに生きていくことが難しくなっています。この時，「人生を豊かに生きるための力」は「学力」という用語では覆えないことに気付いたのです。そこで，「学力」という用語で括ることをやめ，「資質・能力」を高めることが目的とされるようになったわけです[3]。2017年に告示された学習指導要領の改訂の経緯や意図は，奈須正裕氏の『「資質・能力」と学びのメカニズム』で大変分かりやすく解説されています。この改訂の中心となっている鍵概念は，「コンテンツベースからコンピテンシーベースへの移行」です。奈須氏の書籍では，次のように語られています。

　コンテンツ・テストの成績は人生の成功を予測しない……（引用者略）……マクレランドは一九七〇年代に，領域固有知識の所有を問う伝統的なテストや学校の成績，資格証明書の類いが，およそ職務上の業績や人生における成功を予測し得ないことを豊富な事例で論証します（2017：57）。

なんとなく私たちも感じていたことではありますが，このように「論証」と言われるとスッキリしますね。奈須氏は，「世界のトレンドとしての資質・能力」を育成するとして，「教育に関する主要な問いを『何を知っているか』から『何ができるか』，より詳しくいえば『どのような問題解決を現に成し遂げるか』へと転換させます（同：36-37）。」と述べています。また書籍の袖には，「子供を優れた問題解決者にするために，教師は学びを生きて働くものにする（傍点ママ）」とあります。

　先行きが不透明な時代です。感染症の拡大もしかり，異常気象による災害もしかり，人口爆発による食糧問題もしかり，身近なところでは AI の発達による生活様式の変化もしかり，10年先どころか半年後の世界がどうなっているのか，たいへん予測の難しい時代になっています。

　ある意味，私たちの周りは問題だらけ，課題だらけのわけです。この問題の解決に向けて知恵を絞っていかなければなりません。それが子どもたちを「優れた問題解決者にする」ということなのでしょう。

　こういった時代にあって，知識や技能をどれくらいもっているかということは，過去の時代と比較してその価値は相対的に薄れています。時代の変化にともない，過去に獲得した知識や技能の絶え間ないアップデートが必要となるわけです。そして，その知識や技能を更新する時に発揮されるのが「思考力，判断力，表現力等」ですので，この「思考力，判断力，表現力等」についてメタ認知させて，その力の向上も自覚させてあげたいものです。

> 問題解決能力は，問題解決の過程を繰り返すことでしか身に付きません。

　本著は，まさにこの鍵概念に則って執筆しています。

　子どもたちがワクワクしながら問題解決に取り組むため，〈コンフリクト〉のある課題を設定しています。そして，その課題解決を図ることで〈知識及び技能〉の更新が図られるようにしました。その過程で，「思考力，判断力，表現力等」を発揮させて，学びを生きて働くものにしていきます。

5

読むという行為はテクストと対話すること
テクストと対話したことを他者と対話する

　読むという行為は、〈テクストと対話する〉ことです。〈テクストとの対話〉が蔑ろになっていないか確認しましょう。

　テクストとの対話の第一歩は、発せられている用語の意味（概念）を理解したうえで、正確な受信を確認するところから始める必要があるでしょう。前著でも用いた池田久美子論文（2008：96）からの引用を再掲します。

　　先日、ある大学の付属病院にて、痔の診察を受けたところ、教授につきそった学生十数人が周囲をおっとり囲み、次々と触診し、あげくの果ては患部をさらしたまま教授の長々とした学生向けの説明があり、消え入りたいような屈辱の思いを味わわされた。（略）いやしくも、恥ずかしい部分を多くの目の前にさらされて当然と心得る、医学教育に、おおきな怒りを感じた。（略）

　　　　　　　　　　　　　　　　　　　　〈兵庫県　公務員　Ａ　五十九歳〉

　　（略）もちろん苦痛があって来院しているのに、学生の問診があったり、患部を前にして講義されるのは不快なことでしょうが、もっと温かい目で医者の卵を見てはもらえないでしょうか。学生たちも別に好奇の目で患者を見ているのではないし、少しでも多くのことを学んで、将来の医療に役立てようとしているのです。

　　　　　　　　　　　　　　　　　　　　　〈富山県　学生　Ｂ　十九歳〉

　この２つの文章を読んで、学生Ｂさんが公務員Ａさんの発信をきちんと受け止めていないことを具体的に指摘できる人は多くありません。前著で読んでいたにもかかわらず、今も困惑している読者の方もいらっしゃることと思

います。Ｂさんは，「言葉の変換」をたくさんしています。「触診」を「問診」に，「患部をさらしたまま」を「患部を前にして」に，「教授の長々とした学生向けの説明」を「講義」に，そして「消え入りたいような屈辱の思い」を「不快」に変換しています。それぞれの変換についての解説は前著に譲りますが，再度お聞きします，読者の皆さんはこの変換に気付きましたでしょうか。具体的な叙述を根拠にあげて説明できましたでしょうか。

　私たちの脳は，情報を素早く処理しようとして，様々なBug（不具合）を起こします。特に，認知心理学でいう**〈プライミング記憶〉**によって，自分の過去の経験や知識に引き寄せてテクストを解釈してしまいます。Ｂさんに寄り添って考えると，Ｂさんは看護実習で実際に「問診」を体験したのではないかと想像します。そしてそれは「講義」の一環だったのでしょう。Ｂさんが意識的に変換していたとしたらそれは悪質ですけれど，きっと無意識のうちに変換してしまったのでしょう。怖いことに，私たちはこのように自分の経験や知識に寄って情報を処理してしまうものなのです。ですので，そのことに自覚的でありたいと筆者は思っています。

　さて，鶴田清司氏は，深い学びに導く対話を次の３つで整理しています[4]。

> 教材との対話　→　他者との対話　→　自己との対話

　国語の〈読み〉の授業では，「テクストとの対話」がベースにあります。しかし，〈読み〉の交流場面で往々にして子どもは，前述の学生Ｂさんのように叙述を「変換した発言」をしています。そのことに，授業者は敏感になる必要があります。テクストの根拠がない場合は，「どこからそう考えたのかな」といった問い返しをし，テクストの引用が曖昧な場合は，「テクストをもう一度確認してみよう」「テクストを全員で音読してみよう」といった指示を出したほうがよいのです。

　昨今の授業では「対話的活動」に光が当たりがちですが，「他者との対話」の前に，「テクストとの対話」があることを忘れないでいたいものです。

6

〈真正な学び（オーセンティックな学び）〉
人生の成功に結び付く，有意味で価値のある学びを

教室学力から実生活に活きる学びへの転換が求められています。

『真正の学び／学力』（Ｆ・Ｍ・ニューマン）では，「〈真正の学び〉という用語は，成功をおさめた大人たち……（引用者略）……がとってきたような，有意味で価値のある重要な知的成果を意味している（2017：36）」と述べて，「『真正の学び（authentic achievement）』と呼ばれるこれらのビジョンと定義は，『知識の構築（construction of knowledge）』『鍛錬された探究（disciplined inquiry）』『学びの学校の外での価値（value of learning beyond school）』の３つの主な基準に従っている（同：34）。」と説明しています。これは，学習指導要領で述べている資質・能力の三つの柱とも重なるところがありますが，完全に一致しているわけではありません。

この「学びの学校の外での価値」は，「教室を越えた世界との結びつき」とも訳されていますが，本著で大切にする「豊かな言語生活」に結び付く「教室外で活きる学び」と同義であると捉えます。奈須氏（同：171）は，「オーセンティックな学習が効果的なのは，後に出合う問題場面と類似した文脈で学ぶから」とも述べています。

皆さんも，様々な教科の授業で「こんなこと習って，何の役に立つんだろう？」と思ったことがあるでしょう。無駄な学びは１つもないはずですが，その学習内容が実際の生活と繋がっていると分かれば，さらにその学びは豊かになっていくことでしょう。

大学入試の問題も，より実生活場面が意識されるようになっています。平成30年11月に行われた「大学入学共通テスト 平成30年度試行調査（プレテスト）」の物理と化学の問題を覗いてみましょう。

化学　第1問　A

　カセットコンロ用のガスボンベ（カセットボンベ）は，図1のような構造
をしており，アルカンＸが燃料として加圧，
封入されている。気体になった燃料はＬ字に
曲げられた管を通して，吹き出し口から噴出
するようになっている。（引用者後略）……

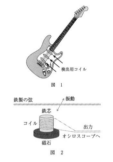

物理　第4問　A

　太郎君はエレキギターのしくみに興味を持った。図1
に示すエレキギターには，矢印で示した位置に検出用コ
イルがある。エレキギターを模した図2のような実験装
置を作り，オシロスコープにつないだ。（引用者後略）……

　いかがでしょうか。このような化学や物理の授業なら，
熱心に学びたくなるのではないでしょうか。この問題では，学びが教室で閉
じていません。実生活に開かれています。まさに，理科という教科の本質で
ある「生活場面における物理現象，化学現象の仕組みの謎を解明すること」
を目的とした出題となっています。

　筆者はこの問題を読んだ時，「この問題だと，高校の理科の教師の教え方
によって，格差が広がるだろうな」と思いました。生徒の興味関心を引き出
して，実生活の学びと往還する教室での学びを組織できる教師と，旧態依然
の知識伝達で終わっている教師では，授業に向かう生徒の姿勢に大きな差異
が生じるだろうと思ったのです。

　さて，これは理科の問題だけに限りません。国語も同じです。

　国語科教育の世界では古くから「教材を学ぶのか，教材で学ぶのか」とい
うことが議論されてきました。教材を学ぶことを否定しているわけでなく，
教材に関する知識も重要ですが，教材で学んだことが実生活で生きて働けば，
さらに学ぶ意欲は高まることでしょう。

7

〈納得解〉と〈最適解〉を求める

作品の〈読み〉に正解を求めるのは不正解である

〈読み〉に正解を求めると，教室が重くなります。個人個人が，その時々の〈納得解〉と〈最適解〉を考えればよいのです。そして，その解はその都度アップデートされていけばよいのです。

　板書計画をたて，きちんと板書どおりに進める授業が強調されています。学習内容が明確な算数の授業では，〈学習用語〉の習得が概念の獲得と密接に関係しますので，板書は重要です。国語においても，例えば文法を扱う言語事項の授業では，体系的に視覚化された計画的板書がその理解の進度を助けます。

　しかし，どうでしょう。文学の〈読み〉の授業は，そもそも予め予想していた計画どおりの板書になるものなのでしょうか。最近，板書の重要性が叫ばれすぎていて，極めて硬直した，揺れ幅の少ない（遊びの少ない）文学の授業が増えているように感じます。突拍子もない〈読み〉や，教師が予想していなかった子どもの〈読み〉に出合えることが，〈読み〉の授業の醍醐味だったはずなのですけれども。

　「板書どおりに正しく進む授業」には，「正しいことの罪」が内包されていないか，冷静に省察してみる必要はないでしょうか。

　また，現場では場面ごとに１時間ずつ切って授業するというのが標準のようです。「今日は，第３の場面をやります。」と区切って１時間ずつ充当する授業です。しかし，我々が日頃行っている読書は，いちいち場面ごとに区切って鑑賞しません。本著で筆者が提示する学習課題は大きな発問です。「い

きなりそんな発問をしても，子どもには難しいのでは」と言われることがあります。教師たちに根付いているバイアスなのでしょう。ところが，先日ある先生が，「半信半疑でしたが，先生のおっしゃった『大きな発問』でも大丈夫でした。」と報告してくださいました。

　大きな問いの解答を考える際には，たくさんの〈根拠〉を並べ，たくさんの〈理由〉を共有し合うことになります。どの〈根拠〉とどの〈理由〉を組み合わせると，より蓋然性が高まるのか，それは仲間と対話的な活動をすることで揺れ動いていくものであり，更新されていくものです。

　筆者の講演会では，本著に掲載したような学習課題を先生方に投げ掛けて一緒に考えてもらいます。この時，「オープンクエスチョンですので，どう考えても，どう答えてもいいですよ」とお話しても，なかなか口を開かない先生が時々いらっしゃいます。「正解」を言うことができないと恥ずかしいと思っていらっしゃるようです。

　「正しいことを言わないといけない」という意識は教室の空気を重くします。〈読み〉には正解としての解釈など存在しません。

　〈読み〉は，その時々で**〈納得解〉**と**〈最適解〉**を考えればよいのです。
　「ちいちゃんのかげおくり」（作：あまんきみこ）という作品がありますが，クライマックスの場面は「きらきらわらいだしました」「花ばたけ」といった描写が続きます。この描写から，ちいちゃんが１人きりで生きていく辛さを思えば家族全員揃うので，（よいとまでは言えないまでも）残酷だと受け取らなくてよいと感じます。その一方，「ちいちゃんが１人でかげおくりをした所」という叙述を図像化すると，「花ばたけ」というアイロニーが切なさを増幅させているとも感じます。どちらで受け止めるかは，その時々の読み手の精神的状態によって左右され，〈納得解〉は変わるわけです。

　子どもたちには，その〈読み〉の揺らぎを楽しませ，〈読み〉をアップデートする身軽さを身に付けさせてあげたいと筆者は思います。

8

〈言葉による見方・考え方〉に関する 筆者の見方・考え方

〈根拠〉と〈理由〉を区別することから始める

どこを見るのか，どこから見るのか，どのように見るのか——〈読み〉の
授業における〈言葉による見方・考え方〉は，〈根拠〉と〈理由〉を区別し
て〈読み〉を創出する過程で明瞭となります。

2017年告示の学習指導要領では，〈言葉による見方・考え方〉が鍵概念の
1つとされています。この〈言葉による見方・考え方〉については研究者に
よって様々な見解が林立しており，できればそこに乱入したくはないのです
が，私見であると断ったうえで筆者の解釈を述べたいと思います（他の方々
の見解と論争する気持ちはありません）。筆者は，〈言葉による見方・考え
方〉は，広く「物事の認識の仕方」を意味していると考えています。

「トロッコ」（作：芥川龍之介）を例にします。物語を簡単に復習しましょ
う。主人公良平は，工事現場に置いてあるトロッコで遊ぶことに愉悦を覚え
ます。そして，土工に頼み，トロッコを一緒に押して行く許可を得ま
す。行くところまで行ったら土工と一緒にトロッコに乗って帰ってくると思
い込んでいた良平ですが，日が陰りかけたころ，「われはもう帰んな。俺た
ちは今日は向こう泊まりだから」と言われ，泣きそうになって独り走り出し
ます。あたりは暗くなるばかり。良平は家に辿り着いた途端に大声で泣き出
しました。26歳になった良平は時々，それを思い出します。

——そんな物語でした。さて，皆さんにお聞きします。

「良平は，この出来事で成長したと言えるでしょうか。言えないでしょう
か。」この問いについては，次の意見が交わされます。「大人になってからも
暗く思い出している。成長したと確証できる叙述は1つも書いてない。だか
ら成長したとは言えない。」「楽しいことを続けていて痛い目に遭ったんだか

ら，以後，気をつけると思う，これも成長の1つだと思う。」

　このような意見が交流される討論を組織すると，賢い生徒から，「これって，結局，『何を成長と捉えるか』という問題ですよね」という声があがります。そのとおり，これは「成長」という概念の定義を考える問題そのものであったわけです。この概念の定義を仮説するポイントは，〈根拠〉と〈解釈〉を結ぶ〈理由〉にあります。複数の〈理由〉を比較して〈最適解〉を探る思考はアブダクションです。

　どの〈理由〉が最も確からしいかを様々に比較し，その知識をアップデートするというのは，言葉と，言葉の指し示す事実の関係を捉え直すことでもあります。ここでは，「成長」という言葉の指し示す事実を比較し，「成長」という概念を再構築することです。これを別の角度から述べましょう。

> 　〈見方〉というのは，「どこを見るのか」「どこから見るのか」「どのように（どう）見るのか」「何を基準に見るのか」「どう判断するのか」という問題です。

　この「どこを見るのか」というのは，「どの叙述を拾い上げるのか」という注目する〈根拠〉に当たります。「どこから見るのか」「何を基準に見るのか」は足場とする既有知識によるため，〈理由〉に当たります。「判断」が〈解釈〉ですね。この時，蓋然性の高い〈理由〉を考えると，既有知識を更新することになります。この作業は，まさに概念が再構成される過程に相当します。「トロッコ」で言えば，今まで考えていた「成長」の概念を足場として，〈根拠〉を拾って判断し，他者の意見を聞くことで，自身の「成長」の概念をアップデートしていくという学びの過程を辿ることになるのです。したがって，〈言葉による見方・考え方〉を考える授業は，このように，〈根拠〉と〈解釈〉を結ぶ〈理由〉の推論過程の蓋然性，妥当性，論理性で判断されます。そして，新たに再構成される知識は，正解として与えられるものではなく，個々人の〈納得解〉や〈最適解〉という形をとるのです。

9

活動ではなく脳内をアクティブに
学習定着率の話題で気付かされること

活動が活発化していればアクティブ・ラーニングだと勘違いした人がいました。静かな活動であっても，アクティブな状況はあります。脳がアクティブであるかどうか，それが問題です。

皆さんに質問をします。ここに，5つの学習活動を列挙します[5]。
学習定着率が高いほうから，順に番号を振ってください。

A　教え合い（Teaching Others）　　B　討論（Discussion Group）
C　講義（Lecture）　　　　　　　　D　読書（Reading）
E　実践，体験的（Practice by Doing）

ゆっくり立ち止まって考えてください。

筆者は大学の講義でこの問いを投げ掛けていますが，正答者は毎回20％くらいです。意外と難しいようです。

このラーニング・ピラミッドのデータに対しては信頼性に欠けるため[6]，あくまでも目安としてお聞きしていただきたいのですが，アメリカトレーニングセンターでは，次のような結果を報告していると言われています。講義（5％），読書（10％），討論（50％），実践・体験（75％），教え合い（90％）。この学習定着率を受けると，アクティブ・ラーニングが大事だと納得してしまいます。あまりにキリのよい数値が並んでいるため眉に唾を付けて受け取ったほうがよさそうですが，「講義」の定着率はわずか5％だそうです。どんなに私たちが授業で「これは大事です」と熱弁を奮っても，子どもたちは20のうちの1つしか覚えていないということです。

「記憶」とは，脳内の海馬で思考されていることを大脳皮質に「記銘」し，それを「再生」して再び海馬で作業することで「再固定化」されるという過程で説明されます。「記憶」の過程も信号系統で簡単に述べると，「刺激を与えられ伝達回路に信号が流れやすくなる」とその回路は強化され，「信号が流れなくなる」とその回路は消滅していきます。大脳生理学の世界ではこの神経に関する優勝劣敗を〈神経ダーウィニズム〉と呼ぶそうです。

　そういえば，脳内出血などで半身不随になってしまった人のリハビリでは，まず，動かなくなった箇所を外的に動かすことから始めます。理学療法士に手伝ってもらって動かなくなった部位を外的に動かすこの時，同時に「動け」と脳が指令を出そうする。その部位を動かす動作と，「動け」という指令が一致して脳内に信号が走った時，自分の意思でまた，動かなくなった部位を自らの力で動かすことができるようになるのだとされています。

　外的な動作と脳内の指令系統の一致が重要であるわけです。

　「講義」を受けて入力ばかりしていても出力をして回路に信号を送らないと，その回路は強化されません。

　ですので，回路を強化するうえでは「人と話す」「人に教える」「ノートに整理する」「音読する」といった「出力（アウトプット）」をしなければなりません。出力（アウトプット）することで回路に信号が通ります。その信号系統が強化されると，さらに信号が走りやすくなるという仕組みです。

　ラーニング・ピラミッドからみても，「教え合い」は有効な学習活動のようです。しかし，「教え合い」という活動で，「教える側」と「教えられる側」が固定化している場合は問題です。いつも教えてもらってばかりいる人は結局，入力ばかりしているわけですから，回路は強化されません。教える人の回路だけが強化されます。「教え合い」の授業というと聞こえはよいですが，この言語活動を組織する時には注意が必要です。弱者ベースで授業を分析してみましょう。

　ジグソー学習など，全員が出力して情報を伝え合う学習活動や，全員が発信して情報を共有し合う場を工夫したいものです。

Column 1
誤読や曲解や深読みを楽しむ
― 〈ツッコミ読み〉の奨励 ―

　島田雅彦氏が，『深読み日本文学』にて，夏目漱石の『こころ』を巡って大変面白いことを記述しています。長くなりますが，引用します。

> 　私たちには「突っ込みを入れる」自由があります。たとえ文豪の作品であっても，おかしいと思ったところは「そりゃないでしょう，漱石先生」と，どんどん指摘するべきでしょう。
> 　突っ込みどころの一つ目は，なぜ自分とKの事情を明らかにした遺書を，最近知り合ったばかりの年下である〈私〉に遺したのかということです。先生は，自分とKが奥さんをめぐる三角関係に悩んでいたことを生きているうちに打ち明けなかったのみならず，奥さんに何も相談せずに自殺しました。「これはおかしいだろう」という突っ込みが，とりわけ女性読者から出てくるはずです（2017：58-59）。

　いかがでしょう。〈ツッコミ〉を入れて読むというのは，批判的思考力を発揮する〈読みの方略〉として，とても有効な手段になり得ます。

　これまで，このような読みは，少なくとも学校現場では否定され，国語教室から追放されてきました。「君は，文学を穢すのか」と顔をしかめるお堅い教師もいるでしょう。「教科書教材はそう読むべきではない」という権威主義的なご指導も入りそうです。

　しかし，島田氏のこの書籍を機に，〈ツッコミ〉を入れて読むことを解禁したらいかがでしょう。私は，「こう読むべきだ」という国語教師の指導に「嘘っぽい道徳臭」を感じていた子どもでしたので，島田氏の提示する〈ツッコミ読み〉を歓迎します。

　有名な教材でさっと思いつく〈ツッコミ〉を以下，列挙しましょう。

「走れメロス」（作：太宰治）

・これだけ疑り深い王が，本当に改心したのかな？

・これだけ多くの人を殺害した王はこのまま治政できるのだろうか，最後は報復を受けて死ぬんじゃないかな？

・メロスは，正義の男と言えるのかな？ セリヌンティウスの身にもなってみてよ。自分勝手すぎないかな？ こんな友だちに振り回されたら，困るんじゃないかな？

「故郷」（作：魯迅／訳：竹内好）

・ルントウが「だんな様！」と言ったのは，雇われていた立場なのだから，きわめて当然のことでしょ。想像力なさすぎでは？

「初恋」（作：島崎藤村）

・語り手にとっては初恋だったんだろうけど，彼女はどうだろう。語り手をもてあそんでいるような余裕がありすぎて，初恋じゃないかも。

「ごんぎつね」（作：新美南吉）

・「野に火を放つ」のは流石にマズイでしょ。放火だよ。刑法に触れる大罪だよ。（「子ぎつね」でなく「小ぎつね」ということは）子どもではないんだから，法の裁きを受けるよ，そのうちに。

・ごんよ，兵十に直接謝罪したらどう？ こんな遠回りなことしてるから撃たれるんだよ。ごんも可哀想だけど，ごんを撃ってしまった兵十も可哀想だよ。

　このように〈ツッコミ〉を入れたからといって，筆者は作品を穢そうとも貶めようとも思っていません。「〈ツッコミ〉を入れられるから，この作品は文学的価値が低い」などとは思っていないのです。

　ここで筆者が言いたいのは，〈ツッコミ〉を入れる〈読み〉の自由さを教室でも保障してあげたいということです。こういった〈ツッコミ読み〉が笑顔で共有されると，教室はもっともっと活性化した楽しい学びの共同体になると筆者は思います。

10

〈読み〉の深度（その１）
子どもの実感
自分の知覚を通す，経験を想起する，原理を知る

リフレクションで〈読み〉の深度をメタ認知させましょう。

どんな時に人は，「深く学んだなぁ」という実感をもつのでしょうか。前著で記したことを表現を変えて再度説明したいと思います。

1　「見る」「聞く」「触る」という自らの知覚を通して考えた時
2　自分の経験を掘り起こして考え，他者の考えと交流することで，自分のもっていた知識が再構築された時
3　転移可能な（一般化できる）原理的な概念に気付いた時

同じ講義で学生が書いた３つのリアクションコメントを比較して「深い学び」について考えたいと思います。筆者は，前著にて「やまなし」（作：宮沢賢治）の教材を使って〈マクガフィン〉という概念について説明しました。〈マクガフィン〉とは，〈回収しない謎〉を作品内に残しておくという技法です。「クラムボンは何なのだろう」という問いは「カニ」「泡」「光」「賢治の妹」など様々に考えられて決定打はありません。しかし，「何だろう」と思わせること，それこそが賢治のねらいだったということです。映画監督Ａ・ヒッチコックが多用した技法です[7]。では，大学の講義での学生のリフレクションを紹介します[8]。

Ａさん　（引用者前略）……クラムボンやイサドは〈マクガフィン〉だと分かりました。賢治はヒッチコックよりも昔の作者なのにヒッチコックよりも前にそんなことを考えていて驚きました。（引用者後略）……

Bさん　子どものころ，賢治の作品が嫌いでした。わけが分からなかったからです。（教科書の）ほかの作品はみな伏線があって，最後はそれがつながるような終わり方なのに，すっきりしないのが嫌だったんだと思います。あの時，〈マクガフィン〉を教えてもらっていたら，賢治の作品をもっと楽しむことができていたかもしれません（引用者後略）……

Cさん　そう言われてみると，いろんな作品で〈マクガフィン〉は使われているような気がします。（宮崎駿の）『千と千尋［ママ］』ですけど，見終えたあと「カオナシ」が気になっていました。それから，「千尋は，どうして父さんと母さんがブタの群れにいないってことに気付いたんだろ」と不思議に思っていました。でも，それが制作側の意図だったということですね。まんまと私はそれにはまっていました（引用者後略）……

　「深い学び」があったかどうかは他者が決めるものではありません。学習者自らが深く腑に落ちる学びを感じたら，それは「深い学び」です。

　ですので，そもそも比較すること自体が邪道なのですが，分かりやすいので相対的に並べてみました。Aさんはとても素直な学生であり，いつも真っ直ぐに受け止めた感想を記述しています。Bさんはどうでしょう，Bさんは，学んだ内容を過去の自分の経験と照らし合わせています。そして，本演習で，作品の見方が再構築されたことを記しています。知識のアップデートをメタ認知したわけです。そしてCさんは，新たに獲得した概念を他作品に転移させて類推しています。〈マクガフィン〉の原理的な概念を理解して，それを早速，他の作品において活用したのです。

　素直なAさんの感想も微笑ましく，BさんやCさんのような学びがなかったわけではないと思います。ただ，リフレクションの場面で知識のアップデートや獲得した概念の他への転移を自覚し，それを文字にして顕在化できると，より「豊かな言語生活」に私たちは近付けるような気がします。

11

〈読み〉の深度（その２）
〈読みの方略〉の獲得
新しい〈読みの方略〉が〈読み〉の世界を変える

「新しく獲得した〈読みの方略〉で作品を読んだら，これまで自分が気付かなかった作品の〈仕掛け〉に気付くことができて，腑に落ちる解釈に辿り着いた」という状況を作り出したいものです。

　一言で〈読みの方略〉，〈読み方〉と言っても様々な種類があります。

　「声に出して読もう」「サイドラインを引いて読もう」という身体を活用するという次元の方法があります。

　「登場人物を確認する」という，構造を捉える基本となる読みも〈読みの方略〉の１つと言えます。

　「対比して考える」「仮定して考える」「関連付けて考える」という，「総合的な学習の時間」で「考えるための技法」として記されている汎用性のある「思考力，判断力，表現力等」に関する方法も〈読みの方略〉になりえます。

　そして，「表現技法に注目し，その効果を考える」という国語科特有の方法もあります。

　筆者が前著から主張しているのは，子どもたちに，どんな方法で読んだのか，どんな武器を使って読んだのか自覚させるということであり，その方法を使ったよさ，その武器を使ったよさを実感してもらい，自らそれを使える自立した読者になってもらうということです。

　しかし，実際のところ方法を教えても，なかなか他の場面にそれは転移しません。国立教育政策研究所（2016：98-99）が出版している『資質・能力［理論編］』には次のように記載されています。

　効率的な方略を使い始めても，すぐにそればかり使うようになるわけではなく，

> それ以前の非効率的な方略を使い続ける場合もあります。……（引用者中略）……その時々で優勢な方略が移り変わったり複数の方略が結び付いたりすることで，方略が精緻化されていくことを示唆しています。
>
> 　授業現場でも，子供たちが一度できたはずのことができなくなったり，できなかったはずのことが徐々にできるようになったりという「行きつ戻りつ」進むプロセスが日々観察できるものでしょう。「何かを覚えたら，直ちにそれを活用できるようになるものではない」ことには，認知的な理由があるのです。

　筆者も，大学の国語科教育法という講義で〈視点人物〉〈対比〉〈象徴〉といった〈読みの方略〉を学生に教えていますが，いざ他作品を読む時にそれを学生が自主的に活用するかというと，そうではありません。残念ながら，無指示の状況で他作品にて〈読みの方略〉を活用する学生は多いとは言えません。では，〈読みの方略〉を教えることは無意味なのか，というと，それもまた違うでしょう。それらを他で活用する学生もいるのですから。その学生たちには意味があったのですから。

　では，なぜ，活用する学生と活用しない学生がいるのでしょう。

> 　一般的に，認知心理学では，知識や技能の有用性を深く実感した場合，その転移は起きやすいと言われています[9]。

「起きやすい」という表現になりますが，きっとそういうものなのでしょう。また，自ら獲得した方略はその実感をもちやすいものでしょうし，有用性を実感するためには，実際に使った末に「これ，いいね」とメタ認知できるように授業を構成する必要があります。教師が一方的に「登場人物を〈対比〉するといいですよ」と説明しても，よさは実感されません。例えば，〈読みの方略〉に関する一覧表を手元に置き，常にそれを参考にして「自らそれを使い，使ったよさを感じさせる」という時間を保障したいものです。

12

〈読み〉の深度（その３）
〈物語の法則〉の発見
「なぜ」を説明しようとしたら，物語の法則性に辿り着く

　理科で科学的現象を説明しようと試みるように，国語でも文学的体験を説明しようと試みたら，どうなるでしょうか。

　筆者は，心を揺さぶられた作品に出合った時，「なぜ，この作品はこんなにも自分の心を揺さぶったのだろう」と問わずにはいられません。

　そして，その理由を解き明かしたい衝動を抑えられません。

　読者の皆さんはいかがでしょうか。そして，その理由を身体実感を伴って，できるだけ自身の身体に忠実に言語化したくなりませんか。

　「海のいのち」（作：立松和平）の「『おとう，ここにおられたのですか。また会いに来ますから。』」の一文がそうでした。また，最近では，「たずねびと」（作：朽木祥）の「『アヤちゃん，よかったねえ。もう一人のアヤちゃんがあなたに会いに来てくれたよ。』」の一文で目頭が熱くなる身体反応が起こりました。映画を観て涙が溢れたり，音楽を聴いてゾクッとしたり……そういった身体反応が起こることがあるかと思いますが，作品との出合いというものは，まず身体が先に反応するものです。

　その「心の揺れ」を敢えて言語化する必要はないという人もいるかもしれません。言語化しようとしてもうまくいかないことが多いですので，そうすると「敢えて言葉になんかしたくない，しないほうがいい」と思ってしまいます。この気持ちも筆者は分かります。自らの身体反応に対して「これは哀しいのかな，さみしいのかな，なんて表現したらよいのだろう……」という状況で，「哀しい」と口に出した途端に違和感を覚える場合があるからです。また，「海のいのち」では，「海のめぐみのありがたさを感じたから，『おと

う……』と言ったんだね」というような教師のまとめを聞くと，そんなまとめをするくらいなら，「しないほうがよい」とも思ってしまいます。

　一方，身体に起こったその身体反応が起きた理由の言語化に成功した場合は，その「腑に落ちたという実感」をともない二重の喜びとなります。

　これは甲斐利恵子氏の授業参観に行った際に甲斐氏から聞いた授業です。「盆土産」（作：三浦哲郎）の授業は次のように行ったそうです。

　「Ｔ：どんな感じがした？」「Ｓ：あったかい感じ」「Ｓ：あったかい」「Ｔ：そう，みんな，あったかい感じがしたんですね。じゃ，どうしてあったかい感じがしたのか，考えてみましょうか。」──（文責筆者）。

　この授業方法は，私たちの生活に根ざした授業を構想する基本だと思います。筆者が作品と出合って起きた身体感覚を何とか言語化したい，という気持ちを基に授業すると，このような展開になるからです。

　さて，もし，同一の作家の作品で同じ高揚が起こったとしたら，また，違う作家の似た作品を読んで同じような心的動揺が起こったとしたら，その共通する〈何か〉を探りたくなりますよね。

　この時，２つの作品に共通する根っこの部分を考えると，作品を構成する〈原理〉や〈法則〉が見えてきます。この〈原理〉や〈法則〉を抽出して一般化することができると，文字通り腑に落ちることになるわけです

　これは，自然科学で起こる心を揺さぶる事象との出合いと同じです。

　自然科学と文学は別世界であり相反する領域であると思われがちですが，実はとてもボーダーレスです。もともと科学は哲学から生まれた学問です。素晴らしい理科の実践家は，まず，子どもたちに「え？　どうして？」→「どうしてそうなるか知りたい！」という欲求を起こさせます。そして「予測させ」「検証させ」「納得解を得させて」「概念や定理」を獲得させます。

　「なぜなんだろう」→「仮説してみる」→「読んで検証してみる」→「仮説の検証を仲間たちと交流する」→「作品の〈原理〉や〈法則〉に気付く（作品の仕掛けを説明できるようになる）」

　国語という教科も，このプロセスを経ることで深い学びに導かれます。

Column2

領域を越える〈転移〉は難しい

〈学習の転移〉に関して，有名な古典的実験があります。Aを読んでみた後にBを読んで，問いに答えてください[10]。

A：要塞問題「独裁者の要塞を攻め落としたいが，要塞から放射状に延びる道に地雷が埋められており，攻め落とすのに十分な大軍が通ると爆発する。そこで将軍は軍隊を分割し，多くの道から軍を送り込んで要塞に集結させることで攻め落とした。」

B：腫瘍問題「胃の腫瘍を放射線で破壊したいが，破壊するのに十分な強さの放射線は周囲の健康な組織まで破壊する。しかし，弱い放射線では健康な組織に害はないが，腫瘍を破壊できない。」

さて，どうしたらよいでしょう。

腫瘍問題の解決策は，「多方面から目標物に十分な量を収束させる」です。要塞問題を読んで記憶した後に腫瘍問題を解くのであれば，さほど難しくないと思われます。ところが，この実験で解答できた人は30％に過ぎなかったそうです。「要塞問題は腫瘍問題を解くのに役に立つ」と教示を与えた条件では75％が正解したということですが，「軍事」という領域で考えた解答を，「医学」という領域にヒントなしで〈転移〉させた人は30％だったのです。このように，〈学習の転移〉は，領域固有性の問題があると言われます。いわば，領域を飛び越える〈学習の転移〉は起きにくいということです。

　さて，では，私たち教師が熱意をもって子どもたちに授業している学習内容の多くは，その授業内で閉じてしまっていて，実生活に〈転移〉しないのでしょうか。〈転移〉しないと考えると，教師である私たちは，〈授業意欲〉や〈勤労意欲〉を喪失し

てしまいますよね。

　では，領域を越える〈学習の転移〉をどのように促していけばよいのでしょう。その方略の１つとして以下のように言われています。

> 　表層的な理解でなく，〈原理〉や〈概念〉に気付くと，その〈原理〉は汎用性があるので，〈転移〉が起きやすい[11]。

　算数や理科だと，「公式」や「公理」を発見すると，今まで解くことのできなかった問題も，その「公式」や「公理」を活用して解くことができるようになります。練習問題を解く時に，意図的に公式を活用させて〈転移〉を促しているわけです。逆に述べれば，この「公式」や「公理」を獲得しないことには，他の問題を解くことはできません。ですので，「公式」や「公理」や「法則」といった原理的な概念を授業で獲得させてあげることが重要になるのです。

　国語でこの問題を考えてみましょう。

　国語の授業で，子どもたちに獲得させる原理的な概念とは何でしょう。

　「ごんは，……という気持ちだったと分かった」という作品内限定の知識獲得で閉じてしまっては，この学習はどこにも〈転移〉しません。「新美南吉は……という作家です」という知識も，新美南吉の作品を読むという極めて狭い範囲の読書のみに〈転移〉されます。

　本書で〈読みの方略〉の獲得と〈物語の法則〉の発見にこだわるのは，限定された知識でなく，一般化しやすい原理的概念の獲得が，実生活の読書に〈転移〉する可能性があると期待しているからです。

　ただ，そうだとしてもその〈転移〉は簡単には図られません。

　〈転移〉を意識させる授業の積み重ねが大切だと思います。

13

〈物語の法則〉を教えることへの批判

（Ⅰ）法則を知ると読書の楽しみが減るのでは？
（Ⅱ）法則は自分で見付ければよいのでは？

「〈物語の法則〉なんか知らなくていい，また，自ら〈法則〉に気付けばよいだけだ」という批判は，もっともな批判です。

〈物語の法則〉を授業で取り上げることに関して，予測される批判を4点あげ，それについての筆者の考えを述べたいと思います。

1つは，「そんな法則は知らないほうがよい。知ることで，純粋に読書に浸る楽しみを奪われる。」という批判です。筆者は前著書を執筆するにあたって，脚本術やシナリオ指南書といった書籍を濫読しました。その中で，C・ボグラー氏（2002：13-14）は，次のように書いています。

本書『神話の法則』の原則全般に対する一つの重要な反対意見に答えなければならない。それは，本書のアイディアが物語の創作を公式化し新鮮味の欠ける作品を量産してしまうのではないかという芸術家や批評家の懸念である。……（引用者略）……一部のプロのライターは，創造の過程を分析するということを嫌悪している。彼らは学生たちに，すべての本と先生を無視して「ただ書きなさい」と力説する。

これは，学校教育の読みの授業にもそのまま当てはまります。「読みの過程を分析することを嫌悪し，『ただ読みなさい』と力説する」研究者と実践家は（昔に比べると減りましたが）やはりいらっしゃいます。

確かに一理あります。「作品世界に純粋に浸っていたい」という子どももいるでしょう。場合によっては，〈物語の法則〉をノイズでしかないと思う子どももいるかもしれません。

絵を描く行為で説明しましょう。「やみくもに絵を描いていた時が一番しあわせだった。工夫して上手に描こうと思った途端に小賢しくなっている自分に気付き，嫌になった」——そういった気持ちをもったことは誰にもあるでしょう。そう考えると，幼い時は無心に「読む」という行為に浸らせることがよいと言えます。ただ，絵を描いていくと，もっと上手に描きたいと思うものです。うまく描けない自分に気付くと描くことをやめてしまうものです。同様に，読めない場合も，読めていない自分に嫌悪する時が来ます。「法則など知らないほうがよい」と目くじらを立てる方は，年少者を相手にしている実践家と研究者に多いようです。その方々は中等教育の生徒の欲求を知らないのでしょう。多くの生徒は〈物語に秘められた仕掛け〉に興味を示しますし，その〈仕掛け〉に対する仮説の明瞭な言語化を希求しています。

　予想される反論の2つ目は，「〈物語の法則〉を教えるということは，〈物語の法則〉に自ら気付くはずのプロセスを子どもから奪うことになる」という批判です。これも鋭く，もっともなご指摘です。

　自力で法則性に気付ける能力のある子どもに〈物語の法則〉を教えるということは余計なお節介になると考えられます。

　しかしながら，本書にあげる〈物語の法則〉を自ら発見していたという読者の皆さんがどれほどいらっしゃるでしょう。多くの皆さんは，自分自身では〈法則〉として言語化できなかったでしょうし，〈法則〉を知ってからも，「〈物語の法則〉なんて知らなければよかった」という感想を抱いていないと思います。かえって，共通する〈法則〉に気付くことで，そのよさを言語化でき，「実感をともなった理解」に落ち着いたのではないかと思います。

　村上春樹は，飽きもせず同じ〈物語典型〉にしたがって，似た作品を書き続けています。しかし，その村上春樹は世界で一番多くの読者をもつ作家です。どうでしょう，その〈物語典型〉を知り，言語化したくなりませんか。不思議なことに，その典型を知っているハルキストたちは，それでも次の作品を待っています。この事実がこの疑問に対して雄弁に回答しています。

14

〈物語の法則〉を教えることへの批判

（Ⅲ）法則への気付きは，他の読みを排除しないか？
（Ⅳ）法則に関する知識の多寡は学力差を生まないか？

〈原理原則〉には例外があります。〈法則〉も仮説に過ぎません。よりよい仮説が見付かれば，〈法則〉もアップデートされます。

福島大学名誉教授高野保夫先生が，日本国語教育学会福島地区研究集会講演にて，本テーマとは全く異なる文脈で次のようなお話をされました[12]。本提案に関連すると筆者が感じ入り，ここで取り上げます。

> 「1つの読みを創るということは，他の読みを削ぎ落す行為にほかなりません」

これは大変深い話です。1つの〈物語の法則〉に気付いたことで，物語の何たるかを「理解した気になる」ということは，とても怖いことです。1つの〈読みの法則〉を発見したことで，他の〈読み〉の可能性を排除してしまうのはもったいないことです。

2018年にノーベル医学・生理学賞を受賞した本庶佑氏は，ノーベル賞を受賞した際にマスコミから「子どもたちや若者たちへのメッセージ」を求められて，次のように答えました。「教科書を疑ってほしい。教科書に書かれていることは9割嘘ですから（文責筆者）。」前著で冥王星や野口英世の黄熱病の例で話したとおり，筆者も，「世の中の多くは仮説にすぎない」と考えています。ですので，獲得した〈物語の法則〉も1つの仮説に過ぎず，よりよい法則が見付かれば，その法則は塗り替えられてよいと思います。

しかしながら，1つの〈物語の法則〉に辿り着いたり，1つの〈読みの方略〉を獲得したりすると，そこで満足してしまうかもしれません。ですので，「違う〈読みの方略〉を活用すると，もっと興味深い〈物語の法則〉に到達

するかもしれない」……そういう可能性を排除せず，創出した〈法則〉は常に仮説であると思っていたいものです。また，獲得した〈読みの方略〉も必ずしもベストではないと留保していたいものです。

　最後になりますが，〈物語の法則〉を考える授業の4つ目の問題点についてです。

　自由な読みを交流することに終始していた授業では，〈読み〉の蓋然性の度合いに差異を認めにくいものでした。しかし，〈根拠〉や〈理由〉を明確にして〈物語の法則〉を探ると，〈読み〉の蓋然性の差異が前景化します。算数（数学）などの教科では，公式や解き方の習熟の度合いが，その個々人の学力差を顕在化させてしまうことがあります。同様に……

　〈読みの方略〉や〈物語の法則〉の習得は子どもの学力差を顕在化させてしまう危険が予測されます。

　この危険性に配慮しながら，多くの子どもたちが〈読みの方略〉や〈読みの法則〉を身体化できるように，そして多くの子どもたちが〈物語の法則〉を習得できるように，授業を組織していきたいものです。

　筆者は大学の国語科教育法Ⅱ・Ⅳという講義で本件を取り扱っています。100名ほどの受講生の大半は，本演習を好意的に評価してくれます。その一方，上記のような批判的見解を述べる学生が毎年1〜3名ほどいます（5名以上になったことはありません）。とても貴重な批判であり，批判があるのは講義が健全に機能している証拠ですので有り難い指摘です。こういった批判があることを理解したうえで，読者の皆さまも，筆者の提案を全面的に支持せず，クリティカルにバランスをとって受け止めてください。

　特に，学習指導要領の学習内容との関連について本著では述べていません。発達段階に応じた指導法などについては，今後さらに検討していかなければならないと考えています。

Column3
問いを引き出すために教師が誘導している!?

　この不透明な時代をたくましく生き抜いていくためには，自ら〈問い〉をもち，〈最適解〉を探ってその解決を図る資質が必要です。

　しかし，その資質が大切なことと，子どもが自ら〈問い〉を生むこととが混同されてはいないでしょうか。

　教師が発問を提示すると，「教師主導だ」と目くじらを立てる人が時折います。本件について，国語の授業の名人として有名な野口芳宏氏はある講演会で次のように話しました。

> 　教師が提示したか，子ども側から発されたかは関係ありません。子どもが熱心に取り組んだら，それはすでに子どもの〈問い〉です（文責筆者）。

　子どもから〈問い〉が発せられるように，教師があれやこれや子どもに投げ掛け，子どもが〈問い〉を生むまでの間，教師が誘導しまくったという笑えない授業が，たくさんあります。子どもが〈問い〉を発するまで20分以上かかったであるとか，教師の〈問い〉を子どもが忖度して〈問い〉をさぐるといった本末転倒の授業もあります。どちらが教師誘導の授業なのか，本質的な部分を見極める必要があります。

　また，一部の子どもの発した〈問い〉に，他の子どもたちがなんとなく付き合ってあげているという場合もあります。他の子どもからすれば，自分の〈問い〉ではなく，教師であろうとクラスの子どもであろうと他者の〈問い〉に付き合っていることには変わりありません。

> 　教師の〈仕掛け〉で子どもが〈問い〉をもつのはたいした意味はなく，子どもが自ら作品と対話をすることで，作品の〈仕掛け〉に反応して〈問い〉をもてるようになることこそがホンモノです。

つまり，現実的に，教師の〈仕掛け〉で子どもが〈問い〉をもつのであれば，教師の〈仕掛け〉がないと子どもはいつまでたっても〈問い〉をもてないことになります。テクストそのものとの対話で〈問い〉をたてられる子を育てたいものです。

　そのためには，前述した〈ツッコミ読み〉を奨励し，様々な疑問を発せられる子どもにしておくことが重要です。日々の授業で小さな「？」をたくさんあげられるようにしておくことです。小さな「？」を表出しやすい学級にしておくことが肝です。そして，テクストと対話することで，作品の〈仕掛け〉に応じて様々な仮説を考えさせたいものです。

　話は飛びますが，大学生にとって，「卒業論文で何を研究課題とするか」はとても大きなテーマです。が，これがとても難しいのです。価値ある課題を設定できないばかりに堂々巡りしたり，課題を変更したりしなければならなくなる学生がいます。

　価値ある課題を設定するためには，価値ある課題とはどういった課題なのかを知っていなければなりません。価値ある課題を追究する経験を重ね，その課題を追究する楽しさを実感していたほうが，その経験がない場合よりも価値ある課題を設定しやすいことでしょう。ですので，国語の読みにおいても，価値ある課題を追究する経験を積み重ねておきたいものです。その経験は，テクストと対話するなかで価値のある〈問い〉をもちやすくするはずです。

　子ども自らが〈問い〉をもつことは重要です。しかし，教師が提示する学習課題で子どもが追究する時，教師主導であると目くじらを立てるのは控えたほうがよいでしょう。

　それでは，授業で生まれてくる子どもの〈問い〉はどうしたらよいのでしょう。これこそ「（わたしの抱いた）作品の謎」として個人追究させたいものです。

　筆者は小学校３年生の時に「自主学習ノート」を20冊以上書き貯めました。母は「あの自主学習ノートがお前を育てた」と言っています。「（わたしの抱いた）作品の謎」に挑ませ，その学習記録を教師が読んでコメントし，必要に応じて教室の仲間達に紹介させてあげるとよいのです。

15

文学の読みにおける 「知識及び技能」とは何か

言語事項や言語文化，情報以外の「知識及び技能」もある

　子どもの欲する〈物語の法則〉という「知識」を発見させて，〈読みの方略〉を使いこなす「技能」を獲得させます。

　少し堅いお話をします。文部科学省は，「知識及び技能」「思考力，判断力，表現力等」「学びに向かう力，人間性等」の三つの柱で「資質・能力」を説明しています。筆者は，このコンピテンシー・ベースの学力観に賛同しています。ただ，国語科の学習指導要領で説明している「知識及び技能」の「指導事項」については見解を異にしています。学習指導要領の「知識及び能力」の指導事項は，「(1) 言葉の特徴や使い方に関する事項」と「(2) 情報の扱い方に関する事項」「(3) 我が国の言語文化に関する事項」の３つで整理しています。これに対して皆さんは違和感をもたれませんでしたでしょうか。

　本著は文学作品の読みの授業論を提案しており，副題を「〈読みの方略〉の獲得と〈物語の法則〉の発見」と冠しています。筆者は，文学作品を読む学びの場面では，この〈物語の法則〉も「知識」にあたり，〈読みの方略〉も「技能」にあたると考えます。つまり，文学作品を読む場合，「資質・能力」の柱の１つである「知識及び技能」は，「〈物語の法則〉を発見することであり，〈読みの方略〉を獲得することでもある」と考えています。

　例えば，「知識」には，「視点人物とは，語り手が寄り添い，その心情にまで入り込んで物語を動的に展開する人物のことである」という知識もあるでしょう。また，「技能」には，「視点人物が目にする描写には，視点人物の心情がシンクロしているので，描写から視点人物の心情を推測しよう」という技能もあるということです。これらを「思考力，判断力，表現力等」に押し込めるのは，いささか無理があると言わざるをえないでしょう。

さらに国立教育政策研究所教育課程研究センター（2020：31）は，「指導と評価の一体化」の必要性から「基本的に，当該単元で育成を目指す資質・能力に該当する〔知識及び技能〕の指導事項について，その文末を『〜している。』として，『知識・技能』の評価規準を作成する」ことを強いています[13]。そして，「知識及び技能」の欄は「(1) 言葉の特徴や使い方に関する事項」と「(2) 情報の扱い方に関する事項」「(3) 我が国の言語文化に関する事項」で記すとしています。しかし，上記のように「知識及び技能」は，この「(1) (2) (3)」だけにとどまりません。本件について筆者は，現場の先生方が柔軟に記せる自由度を残してもよいと考えますが，如何でしょうか。

　現場の先生方を混乱させたくありませんので，苦肉の策として，本著「実践編」の１頁目に記した「資質・能力の評価規準」表の「知識・技能」の欄は，「単元の評価規準」を記さず，「本教材で中核とする資質・能力の評価規準」と題して筆者の見解を述べることとしました。もし，皆さんが本授業論に賛同したうえで学習指導案を執筆される場合は，単元の「資質・能力」の評価規準は学習指導要領の指導事項に沿い，１時間ごとの「資質・能力」の評価規準において本著の内容を参考とするとよいでしょう。

　なお，その見解と表記は異なりますが，子どもたちに生きて働く「資質・能力」を高めてあげたい，豊かな言語生活を送る言葉の担い手を育てたいという理念は，文部科学省の方針と筆者の見解は一致していますのでご理解いただければと思います。

　この「知識及び技能」の見解の是非については，読者の判断に委ねます。

　また，前著では，「技能」である〈読みの方略〉にやや重心をかけて執筆しましたので，続編である本著は，「知識」である〈物語の法則〉に比重を移して執筆します。

　様々な授業論や方法論の是非が自由に意見交流される教育界は健全です。また，実践者が，上から強制されずに子どもたちの実態に合わせて自由に方法論を選択できる地域や学校も健全です。子どもの実態と教材の特性に合わせて授業を構成し，学習指導案を表記してもらえればと思います。

16

深い学びへ導く学びのサイクル

〈コンフリクト〉 → 〈内化〉 → 〈外化〉 → 〈リフレクション〉

「資質・能力の三つの柱」に基づく1つの授業の提案です。

1 深い学びに誘う学習サイクル

　子どもたちの学びの様相は様々です。よく言われているとおり，よい〈問い〉さえもてば，あとは勝手に子どもたちが追究し出します。解決したい目的意識をもつことができれば，教師は少しの支援をするだけで子どもたちが自らその解決を図ろうとします。

　しかし，様々な〈仕掛け〉が用意されている文学教材では，教材から抱く〈問い〉は一人一人異なりますので，一斉授業を組織するのは難しいものです。また，課題を追究して納得解は得たものの，何か汎用性のある学びがあったかというと何も残らなかったということもあるでしょう。

　本著では，前著に引き続き次の学びのサイクルで考えます[14]。

> 1　〈コンフリクト（ズレ，葛藤，対立）〉で学習の意欲付けを図る。
> 2　〈コンフリクト〉の解決を図る知識や技能を発見する。……〈内化〉
> 3　習得した知識や技能を活用して問題解決を図る。　　……〈外化〉
> 4　〈リフレクション〉で，活用した知識や技能のよさを実感する。

　これは，大変，応用範囲の広い学びのサイクルです。

　算数や数学，理科は，この学びのサイクルで授業が行われています。

　算数や数学，理科では，これまでの既習の知識では簡単に解決できないコンフリクトに出合います。そして，その解決を図るなかで，新たな解き方や公式，定理といったものを習得します（内化）。その後，その習得した解き

方や公式，定理を使って，似た問題を解こうとします（外化）。すると，他の場面でもその解き方や公式，定理を使うと解決が図られることが分かります。最後にリフレクションの場面で，解き方や公式，定理を使ったよさを言語化することでその方略の有用性をメタ認知します。

2　国語の授業での学習サイクル

　前著（本著30頁）で触れた「やまなし」（作：宮沢賢治）を再度取り上げ，文学の〈読み〉におけるこの学びのサイクルを確認してみます。

　1）〈コンフリクト〉を顕在化します。

　　「クラムボン」って何だろう？　カニ？　泡？　光？　賢治の妹？

　2）新しい概念を習得します（習得＝〈内化〉）。

　　敢えて答えのない「？」を作品に残しておく――それこそが書き手のねらいでした。その答えのない「？」を映画監督のフレデリック・ヒッチコックは〈マクガフィン〉と呼び映画制作で大切にしてきました。

　3）他作品で応用します（活用＝〈外化〉）。

　　宮沢賢治『水仙月の四日』で，〈マクガフィン〉の役目を負っている事物を探してみます。「アンドロメイダ」「カリメイラ」「水仙月」「雪狼」……それらすべてが〈マクガフィン〉の機能を有しています。

　4）方略のよさを実感します（〈リフレクション〉）

　　「振り返ります。クラムボンって何だったのでしょう。自分の解釈を〈マクガフィン〉という用語を使って説明してみましょう。」

　　「このほか，アニメや漫画，映画の世界で〈マクガフィン〉として機能しているものがあったら，教えてください。」

　筆者は，常にこのサイクルがベストだと述べているわけではありませんし，このサイクルの文脈にのらない教材もたくさんあります。しかしながら，学びの意欲を大切にしながら，「資質・能力の三つの柱」に即した授業展開として，このサイクルはとても有用です。(1)学習内容を明確にし，(2)思考力を発揮し，(3)豊かな言語生活への架橋が図られるからです。

17

自立した読者を育てる
作品を語る武器＝言葉をもたせる

「作者が伝えたいこと」と「教師が教えたいこと」と「子どもが感じたこと」のトライアングルの重心は，「子ども」を基本としながら，発達段階や作品によって考えたい。

筆者は授業づくりを次の3つのアプローチで考えています。

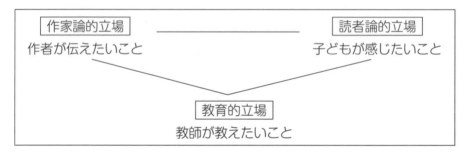

文芸思潮としては構造主義以降，作家論的立場の読みから読者論へのパラダイム転換が起きました。R・バルト（1979：79-89）が，エクリチュールという概念を基に「作者の死」を宣言し「読者の誕生」を謳ってより，作品の起源を作者に求めても意味のないことは周知の事実となっています。

しかし，例えば，「ごんぎつね」（作：新美南吉）においては，新美南吉の生い立ちといった作家論的情報の有無は作品の解釈に大きな影響を与えます。「故郷」（作：魯迅）はその当時の中国の状況といった歴史的背景の知識の多寡も作品の読みを大きく左右します。読者論に立ちながらも，作家論的背景をすべて無視するという読みは，いささか冒険になってしまうでしょう。

また，そもそも教育という営みには，学習指導要領に基づいた学習内容があり，「国語の力」を付けるために授業があります。

この３つの立場のどこに足場を置いて，どのように授業を組織していけばよいのでしょうか。文芸思潮はさらに「読書行為論」「読者反応理論」へと転換しており[15]，田近洵一氏（1993：50）は次のように述べています。

> 作品のことばを手がかりに自分の〈読み〉を創っていく。その行動自体を，子ども＝読み手のものにしなければならない。結果として何かを読み取らせることに意味があるのではなく，読むという言語行動を，子どもにとってアクチュアルなものにすること，そのことを通して，主体的な読み手＝言語行動主体を育てることに意味があるのだ。

筆者は田近氏の考えに賛成です。「テクスト」を手がかりとして，主体的に〈読み〉を創造する読み手を育てたいと願っています。誤解されないようにお断りしたいのですが，田近氏の言を借りると，筆者は〈物語の法則〉を読み取らせることに意味があると主張しているわけではありません。〈物語の法則〉を発見することで，作品を語る言葉を子どもたちが獲得でき，自らの〈読み〉を構築できるようになることに意味があると考えています。

そして，そのためにも子ども主体の授業であることを基本としながら，上記３つのアプローチそれぞれに理解を示し，発達段階に応じて，子どもの状況に応じて，そして教材の特徴に応じて，柔軟にその重点とする立ち位置を決めていくというのがアクチュアルな授業の姿となると考えます。

特に〈家庭の文化資本〉の格差が認められる以上，自らの〈読み〉を言語化できない子どもがいるという事実を受け止め，言語化できない子どもには子どもが欲する知識を発見させ，子どもが欲する技能を獲得させてあげたいと願います。主体的な読み手を育てるために，作品を語る武器＝言葉をもたせたいのです。様々な〈読みの方略〉をもたせて，〈物語の法則〉に関する様々な用語をもち合わせてあげたいのです。

〈物語の法則〉を知り，〈読みの方略〉を使いこなせることは，豊かな言葉の担い手である〈自立した読者〉になるための武器となるのです。

Column4
国語の授業参観で何を見取るか

　研究授業では，「子どもの見取り」が重要です。

　では，〈読み〉の授業では，子どもの「何」を見取ればよいのでしょうか。この本を手にしている読者の皆さんは熱心な教師でしょうから，表情，つぶやき，発言，ノートの記述など，様々な子どものシグナルを見逃さずに見取ろうとしているでしょう。そして，授業協議会では参会者同士でそれを共有し合っていると思います。

　　　〈読み〉の研究授業で第一に重要なのは，「子どもがテクストとどのように対話しているのか」を見取ることにあります。

　ですので，子どもが発言している時は，その子どもが，「テクストのどの叙述に反応してその〈読み〉を表出したのか」を見取りたいものです。子どもがテクストのどの叙述からその〈読み〉を表出したのか分からない場合，教師は「どこからそう考えたのですか？」「証拠はどこですか？」と確認してほしいと思います。これを確認しないと，テクストとの対話を離れた勝手な〈読み〉を表出する子どもが多くなります。

　テクストと対話した後，授業では「他者」との対話を促すことでしょう。この時は，「テクストとどういった対話をしたのか」をお互いに交流することになります。ですので，国語の授業での〈読み〉の交流は，子どもたちは，やはりテクストを片手にもって，「仲間がテクストとどういった対話をしたのか」をテクストと照らし合わせて聞くことになるはずです。

　鍛えられた学級では，子どもは「教科書○頁○行目に『……』と書いてあります，だから……」と〈根拠〉となる叙述を明示して意見を述べます。しかし，18-19頁で説明したように，正確に引用していない場合も多々あるのです。この場合教師は「ほんとにそう書いてあるかな」と確認してあげたいものです。また，鍛えられた学級では，根拠の不確かな意見があると「どこに書いてありますか」という質問があがります。

このような学級では，「○頁○行目を見てください。」という子どもの発言で，教科書をめくる音が教室に流れます。そして，その発言を受けて，子どもたちは猛烈にまたテクストと対話し始めます。

　しかし，〈読み〉の深まらない授業では，テクストは蔑ろにされ，叙述を離れた空中戦の意見が飛び交います。

　これと同様の光景は，授業検討会でも目にします。授業検討会で，「子どもの表情」などが語られ，「子どもがテクストとどういった対話をしているのか」が語られてない協議です。

　「テクストと対話する子どもの姿」を見取ろうとすれば，授業検討会でも，参会者たちは，「テクストを片手に子どもの発言とテクストを見比べること」になるはずです。

　子どもはどのテクストとどう対話したのか。どの叙述に反応したのか。どの表現を入力し，どういった既有知識や経験を理由として，その意見を表出したのか。それこそを見取ることになるはずです。授業に深まりが見られなかった時は，まず，「子どもたちがテクストと対話していたのか」を確認する必要があります。また，授業検討会に深まりが見られなかった時は，「参会者たちが，テクストと子どもとの対話を見取っていたかどうか」を確認する必要があります。

　「子どもの姿を見取る」時，何を見取るのかを見誤らないようにしたいものです。テクストを暗唱していない限り，授業中，私たち参会者もテクストを片手に子どもの発言を聞いているはずなのです。

第 2 章

実践編

小学校教材での
アクティブ・
リーディング
の授業

お手紙

アーノルド・ローベル（教育出版１年下，光村図書２年下，東京書籍２年下，学校図書２年下／令和２年度版）

1　本教材で中核とする目標

　場面の様子や登場人物の行動を具体的に想像する活動を通して，登場人物の設定に関する面白さを読み味わう。

2　本教材で中核とする資質・能力の評価規準

知識・技能	思考・判断・表現	主体的に学習に取り組む態度
登場人物の設定で作品が面白くなることを理解している。	エ　場面の様子に着目して登場人物の行動を具体的に想像している。	同じような登場人物が設定されている作品を探そうとしている。

3　学習のポイント

　○２人の登場人物が中心となる物語の定型と，第三の登場人物（脇役）の面白さに気付く。

　○アニメや絵本などにて，獲得した物語の定型を確認することで，その原理の一般化を図る。

4　授業計画（全12時間）

第１次　全体を音読する。

第２次　登場人物の気持ちを想像する。

第３次　登場人物の設定（主人公の設定）に気付く。

第４次　登場人物の設定（脇役の設定）に気付く。

第５次　登場人物宛のお手紙を書く。

5　第3次の授業

●本時のねらい

　主人公（中心人物）を考える活動を通して，〈バディフィルム〉という物語の定型を説明できる。

コンフリクトを生む〈発問〉❶

　「お手紙」の初発の感想では，「主人公のがまくんが，かえるくんからお手紙をもらって，よかったです」という子どもの声が寄せられることでしょう。その感想に対して，他の子どもから，「え？　主人公は，かえるくんじゃないの？」というつぶやきが聞こえるとコンフリクトが生じます。

> だれが主人公（中心人物）でしょう。

C：「がまくんは，げんかんの前に　すわっていました。」で始まっています。がまくんで始まっているので，がまくんが主人公です。

C：同じように，「がまくんは，とてもよろこびました。」で終わっているので，がまくんが主人公だと思います。

C：がまくんの気持ちがたくさん書いてあります。だから，がまくんが主人公だと思います。

T：どこにがまくんの気持ちが書いてありますか。証拠はどこですか。

C：がまくんは，「『今，一日のうちの　かなしい時なんだ。』」と言っている。

T：そうですね。このほかにもありますね。がまくんの気持ちの書いてあるところに線を引きましょう。

C：「『いつもぼく，とても　ふしあわせな気もちに　なるんだよ。』」

C：「がまくんは，とてもよろこびました。」

T：では，話を戻します。主人公はだれですか。かえるくんの意見を聞かせてください。

C：かえるくんが，がまくんのために，お手紙を書いたから。

C：題名もお手紙だから。

C：がまくんは，何もしていない。ただ，待っているだけ。

C：一番，たくさん出ているのは（登場しているのは），かえるくん。だから，かえるくん。

C：動いているのはかえるくん。がまくんは，動いていない。

C：先生，「ふたりが主人公」じゃダメですか。

T：どうして「ふたり」だと考えたのですか。証拠はありますか。

C：「ふたりとも，かなしい気分で，げんかんの前に　こしを下ろしていました。」とあります。

C：「ふたりは，げんかんに出て，お手紙の来るのを　まっていました。」ともあるし，「ふたりとも，とても　しあわせな気もちで，そこにすわっていました。」ともあります。だから，「ふたり」が主人公でもよいと思います。

深い学びに導くポイント❶

　筆者は，まだ東日本大震災の爪痕がここかしこに残る南相馬市の小学校で，この発問を投げ掛けて師範授業をしました。

　上記の「C：一番，たくさん出ているのは（登場しているのは），かえるくん。だから，かえるくん。」は，その時の発言です。この時，「C：えっ？たくさん出ているのは，がまくんだよ！」という声があがりました。授業者であった筆者は，「え，どっちだろうね。じゃ，数えてみようか」と子どもたちに調べさせました。かえるくんが手紙を書くシーンにはがまくんは登場しないので，一見したところ，かえるくんのほうが登場回数が多いようですが，「がまくんは……」「かえるくんは……」と主語の回数を数えると，そんなに差がなくなるのですね。思いの外，時間がかかってしまいました。また，その数がなかなか合わないのです。小学校２年生の実態を私はよく理解していなかったのです。５分以上その作業をしたのですが，結局，「これは，後で，担任の〇〇先生と確認してね」とお茶を濁しました。子どもの実態を知らないで飛び込み授業をすると，こんな失敗をしてしまうのですね，トホホでした。

ここで子どもたちに獲得させたい〈物語の法則〉は，映画でよく使われる〈バディフィルム〉という物語ジャンルです。つまり，「見た目や性格，物の考え方などが対照的な凸凹コンビ」の織りなす「2人組の物語」ということです。筆者はロードムービーが大好きなのですが，その理由は，ボケとツッコミに役割分担された2人の軽快な対話が生み出すバディものがロードムービーに多いからであると，この概念を知ってから実感をともなって納得しました。

　ちょっと脱線しますが，筆者がおすすめする〈バディフィルム〉のロードムービーを思いつくままここに列挙します。

『明日に向って撃て！』（ポール・ニューマン＆ロバート・レッドフォード）

『お熱いのがお好き』（ジャック・レモン＆トニー・カーティス）

『スケアクロウ』（ジーン・ハックマン＆アル・パチーノ）

『ペーパー・ムーン』（ライアン・オニール＆テータム・オニール）

『レインマン』（ダスティン・ホフマン＆トム・クルーズ）

　古い作品ばかりで恐縮ですが，これらの〈バディフィルム〉にはいずれもコメディの要素が入っています。このほか，『俺たちに明日はない（英語タイトルはボニー＆クライド）』（ウォーレン・ベイティ＆フェイ・ダナウェイ）や，『テルマ＆ルイーズ』（スーザン・サランドン＆ジーナ・デイヴィス），『最高の人生の見つけ方』（ジャック・ニコルソン＆モーガン・フリーマン）なども〈バディフィルム〉のロードムービーですね。

　また，ロードムービーでなくとも，『レオン』（ジャン・レノ＆ナタリー・ポートマン）『最強のふたり』（フランソワ・クリュゼ＆オマール・シー）『アナと雪の女王』など〈バディフィルム〉には，男同士，女同士，兄弟，男と女，親子といった様々な2人組があり，映画製作における作品設定の定番中の定番になっています。

　また，映画でなくとも，『トムとジェリー』『ぐりとぐら』『バムとケロ』『ともだちや』シリーズ，『いぬうえくんとくまざわくん』シリーズなどの絵本でもよく使われる設定です。「○○と○○」というタイトルで，「○○」に

固有名詞が入っている作品は，ほぼバディものだと言えそうです。また，ドラマ『相棒』は，タイトルそのものが〈バディフィルム〉を表現していますね。

内化　獲得する〈物語の法則〉❶

【バディフィルム】２人組の主人公が織りなす物語ジャンル

外化　〈読み方〉を活用させる❶

「図書館にある絵本で，〈バディフィルム〉はないかな」という課外の指示を出してみるとよいでしょう。

まとめ　板書を視写させる❶

【板書】 バディフィルム 　見た目やせいかくが反対の２人組がくりひろげる物語のこと。

リフレクション❶

【説明】がまくんとかえるくんは，見た目や考え方が正反対です。その２人が主人公だから，この作品は面白いのですね。

【指示】２人がどんなふうに違うのか，それがどんなふうに面白いのか，話し合ってみましょう。

6　第４次の授業

●本時のねらい

かたつむりくんの言動に着目する活動を通して，物語における脇役（第三の登場人物）の役割に気付く。

コンフリクトを生む〈発問〉❷

子どもからは次のような感想も寄せられることでしょう。「かえるくんは，なんでかたつむりくんにお手紙を渡したんだろう。トンボくんだったら，もっと早かったのに。」こういった感想やつぶやきが聞かれない学級でしたら，教師範読の時に，かたつむりくんの描写をちょっと誇張ぎみに読んで注目させるとよいと思います。「たまたま，かたつむりくんがいたから」なのでしょうが，そこで問いが生まれる子どもにしたいと思います。

> 　かえるくんが，お手紙をかたつむりくんにお願いしたのは，よかったですか，よくなかったですか。
> 【別案】トンボくんのほうがよかったかな。

C：「四日」もかかったんだから，よくなかった。待ちくたびれる。

C：トンボくんなら，こんなに待たなくていいから，いい。

C：トンボくんは，早すぎる。かえるくんががまくんの家に戻る前に，届いてしまう。

C：ちょっと遅かったけど，かたつむりくんでよかったと思う。お手紙を待っている２人の顔の絵が，とても幸せそう。

C：「ふたりとも，とても　しあわせな気もちで，そこにすわっていました」と書いてある。待っている時が，幸せなんだ。

深い学びに導くポイント❷

　本書の前作にあたる『国語教育選書　国語科授業を変えるアクティブ・リーディング―〈読みの方略〉の獲得と〈物語の法則〉の発見―』の「かさこじぞう」（岩崎京子）の実践で，筆者は「ばあさま」という〈脇役（第三の登場人物）〉に着目すると，作品の面白さが広がることを記しました。本作も，それを確認する学習課題です。〈脇役〉には，〈賢者〉〈門番〉〈トリックスター〉等々，様々なアーキタイプがいますが，「かたつむり」くんは，作品に面白いテイストを与えてくれる〈トリックスター〉的な第三者です。

　「かたつむりくん」は，一見，時間がかかって困った登場人物に見えますが，実はその長い時間が２人の幸福感を増幅させてくれます。足が遅いという欠点が，２人の幸福感に貢献するというところに面白さがあるわけです。これは，映画の世界では，〈愚者の勝利〉と言われる物語典型に通じるところがあります。B・スナイダー（2010：69）は『SAVE THE CAT の法則―本当に売れる脚本術―』というシナリオ作成の指南書で次のように述べています。

「〈バカ〉は，神話でも伝説でも，重要な登場人物だ。表面的には単なるバカなまぬけ者に見えるが，実は最も賢い存在なのである。一見負け犬に見えるのでみんなに見下されているが，逆にそのおかげで〈バカ〉は最終的に光り輝く勝利を手に入れるチャンスに恵まれる。……（引用者中略）……《バカの勝利》の基本原則は，負け犬のバカに対してもっと大きくて権力の悪者——たいていは〈体制側〉——が存在するということだ。ところがそんな〈バカ〉が，体制側の連中をやきもきさせるのを見ると，観客にも何だか希望がわいてくる。」

　どうやら，〈愚者の勝利〉は，読み手や観衆が好む物語典型のようです。昔話で言えば，『三年寝太郎』『泣けば百人力（なばの泣き堰)』などがそうです。思い起こすと，筆者も，この物語典型が大好きでした。筆者が高校時代に濫読した遠藤周作には『おバカさん』『黒ん坊』『灯のうるむ頃』等，〈愚者の愚直な生き様〉を描いた作品がたくさんありました。また，筆者が子どもの頃大好きだった児童読み物作家の山中恒も，作品『三人泣きばやし』『サムライの子』等でこの物語典型を踏襲しています。遠藤周作や山中恒は共に，愚者を光の当たる勝者には仕立てあげず，他の登場人物の心の中に残る存在として愚者のまま優しく，そしてせつなく描いています。これらの作品から筆者は，「外見やその愚鈍な行動で，人を侮ったり，馬鹿にしたりしてはいけない」という強いメッセージを受け取りました。

　そういえば，ねずみのガンバが活躍する名作『冒険者たち』（作：斎藤惇夫）ではオイボレという随分と年老いたねずみが大活躍するシーンがあります。これらの物語典型は，この世の中，必要のない人はいないということ，役に立たない人はいないということをさり気なく教えてくれています。

内化　獲得する〈物語の法則〉❷

　【頼りない人が活躍する】（もう少し広い概念で捉えると）劇場版『ドラえもん』の「のび太」のように一見頼りなさそうな主人公が活躍するところが愉快なのですね。しかも，強い者に対して弱者が立ち向かって勝利してしま

うところが痛快なのでしょう。

　一見「手紙を手渡したのがかたつむりくんだったのは失敗だった」ように見えますが，そのかたつむりくんのよさを子どもたちと確認してみましょう。

外化　〈読み方〉を活用させる❷

　『ドラえもん』を例にして，似た話が絵本や物語でないか，話し合わせてみましょう。

まとめ　板書を視写させる❷

　【板書】たよりない人が活やくする。かたつむりくんが，「お手紙」の作品の楽しさを広げてくれている。

リフレクション❷

　【お手紙を書く】このリフレクションは，1時間かけて次時でゆっくり行うとよいでしょう。次の項目に回します。

7　第5次の授業

●本時のねらい

　物語の脇役として活躍した「かたつむりくん」にお手紙を書く活動を通して，この物語のよさを再確認する。

●発展的なアクティビティ【豊かな言語生活を目指す単元学習】

「かたつむりくん」にあててお手紙を書こう

　読み手である子どもから，「がまくん」や「かえるくん」宛の手紙を書くという学習活動はよく行われていることでしょう。それも悪くありません。

　本課題は，小林優介氏が行った実践から頂戴しました。小林優介氏は，「かえるくんは，お手紙をかたつむりくんにねらって渡したのか，そうでなかったのか（意図的に渡したのか，偶然渡したのか）」を尋ねた後に，上記の発問「かえるくんが，かたつむりくんに渡したのは，よかっ

たか，よくなかったか」を考えさせました。そして，その後に，次のようなお手紙を書かせています。

かたつむりくんへ
　お手紙をもってきてくれてありがとう。
　ちょっとおそかったけど，「そろそろくるかなぁ」とおもってて，その分楽しみがふえたし，ちゃんとお手紙もとどいてうれしかったです。また，だれかにお手紙を出す時は，かたつむりくんにたのむね。お手紙をはこんでくれてありがとう。（Aさん）

かたつむりくんへ
　手紙をわたしてくれてありがとう。きみが足がおそいと言う人もいるかもね。でもおそいといいこともあるよ。ぼくたちは，長いことまったから，わくわくがいっぱいあったよ。あと，すぐやるぜと言ったとき，たのもしかったよ。（Bさん）

しんあいなるかたつむりくんへ
　４日たったけどその４日間のとき，しあわせに手紙をまっていれたから，こんどもお願いしていい？　これで，みんなうれしいきもちになれたのは，ぜんぶかたつむりくんのおかげだから，おそすぎたとおもわないでね。（Cさん）

　「かたつむりくん」に関わる発問❷の学習成果がよく現れているお手紙だと思います。

Column5
「手紙」の形式で授業を振り返る

　田川朗子氏が，「手紙」という学習活動について研究しています[16]。その研究の成果の一部を要約してお伝えします。

　授業の振り返りでは，通常「国語日記を書こう」という形で，「テクストを読んだ感想」「いいなと思った友だちの発言（読み）」「自分の読みの変容」を書かせることが多いと思います。その振り返りを手紙形式にすると，様々なよさが見られるようです。

　まず，手紙を書く場合には「相手意識」と「目的意識」が明確になります。そのことにより，登場人物を相手に選んで手紙を書くとすると，前頁の小林優介氏の実践のように，「すぐやるぜと言ったとき，たのもしかったよ」といったテクストの叙述を丁寧に読み取って書くことになります。「テクストとの対話」が促進されるわけです。また，その「たのもしかったよ」といった声掛けは，あたかもその作品世界に入り込み，同じ舞台に立って物語を演じているような感覚をもちます。それは，客席から客観的に作品舞台を眺めているというのではなく，（たとえば，他の動物となって）かたつむりくんと舞台上で対話をしているような感覚です。当事者意識をもって作品世界に入り込めるわけです。

　このほか，作者を相手に選んで手紙を書くとすると，「どうして，かたつむりくんを登場させたのですか。それはたぶん……」という問いと仮説の形になります。また，送り手を登場人物に設定して「登場人物になりきって書く」という手紙形式もあるでしょう。「がまくんになって，かえるくんに手紙のお返事を書こう」といった活動です。

　登場人物になりきって手紙を書く時，書き手は作品世界に入り込み，同じ舞台上で他の登場人物に向かって語り掛けることになります。それはまるで新たな舞台が繰り広げられるような様相を呈します，これは物語が歩き出す読みの創造の姿と言えるでしょう。

ニャーゴ

宮西達也（東京書籍2年上／令和2年度版）

1　本教材で中核とする目標

　場面の様子や登場人物の気持ちを具体的に想像する活動を通して，登場人物の設定に関する面白さを読み味わう。

2　本教材で中核とする資質・能力の評価規準

知識・技能	思考・判断・表現	主体的に学習に取り組む態度
登場人物の設定で作品が面白くなることを理解している。	エ　場面の様子に着目して登場人物の気持ちを具体的に想像している。	同じような登場人物が設定されている作品を探そうとしている。

3　学習のポイント

　○食べる側の動物と食べられる側の動物が出会った物語の特徴（その切なさ）に気付く。

　○アニメや絵本などにて，獲得した物語の定型を確認することで，その原理の一般化を図る。

4　授業計画（全12時間）

第1次　全体を音読する。

第2次　登場人物の気持ちを想像する。

第3次　食べる側の動物と食べられる側の動物が出会う物語の特徴に気付く。

5 第3次の授業

●本時のねらい

　様々な観点から，ねこの気持ちを考える活動を通して，子ねずみたちの優しさを説明できる。

コンフリクトを生む〈発問〉

　きわめてオーソドックスに，この作品を読んだ感想を伝え合うところから授業を進めてよいでしょう。すると，「面白いんだけど，ちょっと悲しい」「なんか，ねこは恥ずかしい」といった声があがることでしょう。子どもの言葉を拾って，「こういう気持ちを『せつない』って言うよね」と確認したうえで，「どうして『せつない』と感じたのかな」と問い，めあてにしたいものです。その交流の中で，ゆさぶりの発問を投げかけて，テクストとの対話を深め，〈読み〉を広げていきたいと思います。

> どうして『せつない』かんじがしたのですか。

　Ｃ：う〜ん，よく分からない。

　Ｃ：子ねずみを食べられなくて……うまく言えない。

　Ｔ（ゆさぶり①）：「ニャーゴ」は「子ねずみ」のほうを向いて言っているのかな。ひとりごとのように言っているのかな。

　Ｔ（ゆさぶり②）：さし絵を見ると，ねこは泣いているね。どうして泣いているのかな。（子ねずみを食べようとしたのに，食べられなくて泣いているんだよね。）

　Ｃ：子ねずみたちが，桃をくれたから。

　Ｃ：子ねずみたちが，友だちみたいにしてくれたから。

　Ｃ：子ねずみたちが，自分のことを仲間だと思ってくれていたから。

　Ｃ：それなのに，自分はずっと，子ねずみを食べようとばかり考えていて，それが恥ずかしくなったから。

　Ｃ：せっかく友だちになったのに，もう会えないから。

　Ｔ（ゆさぶり③）：ねこは，子ねずみともう会えないの？　どうして？

C：だって，子ねずみたちは，きっとこのことを友だちとか先生とかお家の人に話すと思う。そうしたら，「それがねこだ」「もう会ってはいけない」と言われるから。

「ニャーゴ」を人間の言葉にすると，どう言っているのでしょう。

C：バイバイ。さよなら。

C：（君たちを食べようとして）ごめんね。

C：（本当はもう会えないんだけど）うん，また，行こうね。

C：今日は楽しかったよ。

C：桃をくれたり，優しくしたりしてくれて，ありがとう。

深い学びに導くポイント

　この作品を読んだ時に心に残る「せつなさ」の正体は一体何なのでしょう。その言語化は難しいですね。

　大人の私たちであれば，次のように整理することができるでしょう。

　「自分は子ねずみを騙（だま）して食べてやろうと企（たくら）んでいたのに，その彼らはそんな自分に対しても友だちのように優しく接してくれた。その子ねずみたちのイノセントな明るさや邪気のなさに，食べようとしていた自分が愚かしく，そして恥ずかしくなった。しかも，相手はそんな自分と会うことを楽しみにしてくれている。それにもかかわらず，もう二度と会うことはなく，今の自分の気持ちを相手に伝えることもできない。だから，とってもせつないんだ」と。

　子どもたちは，この複雑な気持ちをどのような表現でまとめるのでしょう。

　この子ねずみたちの〈イノセント（無垢）〉である姿は，多くの作品の主要モチーフとなっていて，読み手に感動を与えます。これは私たちの実生活の場面でも感じることです。〈イノセント〉の人にお会いすると，この人には敵わないなと感じることがないでしょうか。疑いをもたない人には気圧される感覚を抱くものではないでしょうか。無邪気な明るさは，人の心を変える力をもっているのです。

この〈イノセント〉のモチーフは，児童用の書籍の中では，**〈捕食者と被食者〉**の物語構造でよく使われます。お気付きの方も多いと思いますが，本作品の作者である絵本作家の宮西達也氏は，この物語構造を得意としています。

　『おまえ　うまそうだな』『おれはティラノサウルスだ』は，この物語構造の中で〈イノセント〉というモチーフを使った名作です。なお，〈イノセント〉であることの強さについては，後述の「名前を見てちょうだい」（あまんきみこ）でさらに詳しく説明します。

　また，あまんきみこ氏の「きつねのおきゃくさま」も〈捕食者と被食者〉の物語構造であり，その鍵概念はやはり〈イノセント〉です。加えて，〈捕食者と被食者〉の出会いは出会った時から〈別離〉が宿命付けられているところもせつないのですね。オオカミとヤギの出会いを描いた木村裕一氏の『あらしのよるに』シリーズも，この物語構造に落とし込んだ名作の１つです。

内化　獲得する〈物語の法則〉

【食べる側の動物と食べられる側の動物が出会った物語】

　友だちになれない人たちが友だちになろうとしたところがせつない。

【イノセント（無邪気さ・無垢・純真さ）には敵わない】

外化　〈読み方〉を活用させる

　「図書館にある絵本で，〈食べる側の動物と食べられる側の動物の織りなす物語〉はないかな」という課外の指示を出してみるとよいでしょう。

まとめ　板書を視写させる

　【板書】食べる動物と，食べられる動物が出会った物語

　　子ねずみのやさしさに，ねこはこころうたれたんだね。

リフレクション

　【指示】この出来事を子ねずみたちは，家に帰って，どうお話するかな。

　　それに対してお家の人は何て言うかな。子ねずみたちは，心のなかで，ねこにどんな言葉を掛けるかな。隣の人と話し合ってみましょう。

3 年

モチモチの木

斎藤隆介（光村図書３年下，東京書籍３年下，教育出版３年下，学校図書３年下／令和２年度版）

1 本教材で中核とする目標

　登場人物の気持ちを情景の移り変わりと結び付けて想像する活動を通して，気持ちと情景が重なっている面白さを読み味わう。

2 本教材で中核とする資質・能力の評価規準

知識・技能	思考・判断・表現	主体的に学習に取り組む態度
登場人物の心情と重ねられている情景の面白さを理解している。	エ　登場人物の気持ちの変化や性格，情景について，場面の移り変わりと結び付けて具体的に想像している。	弱いけど強いといった登場人物のアニメや漫画を思い出そうとしている。

3 学習のポイント

○人物の言動の描写とモチモチの木の描写を重ね合わせて考えると，新たな〈読み〉が創出できることに気付かせる。

○〈メンター〉に気付かせる学習を組織する場合は「じさま仮病説」を提示して，その仮説に乗って考えるという仮説検証の１つの方法をとる。

4 授業計画（全12時間）

第１次　全体を音読し，感想を書く。

第２次　場面ごとに豆太の気持ちを想像する。

第３次　複数の叙述を比較して豆太の性格を言語化する。

第４次　感想を交流する。　**第４次別案（発展）**じさまの言動を確認する。

5　第3次の授業

●本時のねらい

　豆太に対する矛盾した表現を比較する活動を通して，登場人物豆太の性格をモチモチの木の描写と重ね合わせて説明することができる。

コンフリクトを生む〈発問〉❶

　「モチモチの木」の初発の感想には，「豆太は雪の日に１人でお医者さまをよんできて，勇気があると思いました。」という子どもの声が寄せられることでしょう。その感想を読んだ時，他の子どもから，「え？　豆太はおくびょうだよ」というつぶやきが聞こえるとコンフリクトが生じます。

　また，「豆太は，１人で夜中に外に出られないのだから，おくびょうだという感想もありました」と読み上げ，感想のズレを明確化する方法もあるでしょう。

> 豆太は，おくびょうですか，勇気がありますか。

【勇気がある】

〈根拠〉豆太は，夜中に「半道もあるふもとの村まで」１人で走った。〈理由〉半道って，およそ２kmだから，学校から〇〇くらいまでだ。そんなに走れない。

〈根拠〉「霜が足にかみついた。足からは血が出た。」とある。〈理由〉こんなにまでして，走れるってすごい。

〈根拠〉じいさまが，「おまえは，一人で，夜道を医者様よびに行けるほど，勇気のある子どもだったんだからな。」と言っている。

【おくびょうだ】

〈根拠〉「全く，豆太ほどおくびょうなやつはない。もう五つにもなったんだから，夜中に，一人でせっちんぐらいに行けたっていい。」とある。

〈根拠〉「それなのに，どうして豆太だけが，こんなにおくびょうなんだろうか――」ともある。

〈根拠〉「――それでも，豆太は，じさまが元気になると，そのばんから，

『じさまぁ。』と，しょんべんにじさまを起こしたとさ。」で終わって
いる。だから，変わってない。

T：この問題は，どこに着地させたらいいんだろう。

C：いつもはおくびょうなんだけど，大事な時には勇気がある。

深い学びに導くポイント❶

まず，「もう五つにもなったんだから，夜中に，一人でせっちんぐらいに
行けたっていい。」という根拠が子どもからあがった時に，一度立ち止まり
たいところです。「夜中に1人で外のトイレに行くのって，みんなは何歳く
らいからできましたか？」と問い掛けてみましょう。きっと，「外にトイレ
なんてないから分からない」という声もあがるでしょう。しかし，「外だっ
たら，私は今でも怖いよ」と言ってくる素直な子もいるでしょう。

「もう五つにもなったんだから（傍点筆者）」という表現には，語り手の作
為があります。「『まだ，五つなのだから』という書き出しにすると，その後
はどうつながりますか」と問い掛ければ，「まだ，五つなのだから，夜中に
一人でせっちんには行けません。」となるのですから。物語の最初に，語り
手は「おくびょうな豆太」という印象を読み手に植え付けようとしていたわ
けです17。

さて，「豆太は勇気があるか，おくびょうか」の学習課題の着地点です。
この着地点は，皆さんも想像するとおり，「おくびょうだけれども，いざと
いう時には勇気を発揮する」というところです。では，この根拠はどこに求
めたらよいでしょう。

AとBは相反しているのに，「Aでもあり，Bでもある」という状況は，
実はこの作品構造そのものとシンクロしています。子どもたちには難しいで
すが，本書を手にしている皆さんは考えてみてください。如何でしょう。

「モチモチの木」の昼と夜の顔が，矛盾しています。

同様に，月が出ているのに，雪が降るという天候もまた，矛盾しています。
これらの描写を〈根拠〉として，人や物事にある両面性（アンビバレント）
を理解したいところです。

【人間のもつ両面性】

　他者の内面に相反するＡとＢが同居することに，人は時に耐えられないようです。矛盾という状況が許せないようです。その時，他者は当事者に対して「矛盾している」と指摘しなかったとしても，嫌ったり軽蔑したりします。

　思春期になると，人は，時にＡであり，時にＢでもある自分を発見します。そして，潔癖な若者は，それを許せず悩みます。「自分は二重人格や多重人格かもしれない」と，矛盾した自分に気付いた時，「人間には，多かれ少なかれ，そういったところがある」のだと教えてあげないと，生きることが息苦しくなってしまうでしょう。その時々で相反する心情が渦巻くのが人間の性であり，ある意味自然なのだと早くに分からせてあげたいものです。本教材では，淡々と「どっちでもあるんだね。」と言ってあげましょう。

> 説明：モチモチの木の「昼」と「夜」を比べてみてください。モチモチの木の「昼」は，怖い木ではありませんよね。でも，「夜」は，「空いっぱいのかみの毛をバサバサとふるって，両手を『わあっ。』とあげ」たり，「木がおこって，両手で，『お化けぇ。』って，上からおどか」したりします。モチモチの木は，昼と夜で別の顔をもっているわけですね。モチモチの木がそうであるように，私たち人間も，ある時は，おくびょうであり，ここぞという時には，勇気が出る。きっと，そういうものなんですね。

　劇場版の『ドラえもん』に出てくるのび太を想起させ，「ここぞという時に勇気を出す登場人物」を，他のアニメや漫画，絵本などで探させてみましょう。

【指示】次の言葉を使って，作品をまとめましょう。

　　モチモチの木　　昼　　夜　　両面性　豆太　　おくびょう　　勇気

6　第4次（別案）の授業　発展学習

　以下の学習は，「海のいのち」で〈メンター〉という人物典型を教える時の補助教材として扱うとよいと筆者は思っています。ただ，教師の教材研究として次の解釈は知っていたほうがよいので，ここに，学習課題と「深い学びに導くポイント」のみ記載します。

●本時のねらい

　じさまの言動を丁寧に読む活動を通して，作品内の〈メンター〉という登場人物の役割に気付く。

　コンフリクトを生む〈発問〉❷

　ごく稀に次のような感想を述べる子どもがいます。

　「このじさまは，本当は病気じゃないんじゃない。」

　いわゆる「じさま仮病説」です。読者の皆さんはどう判断しますか。「そんなふうに疑って読むもんじゃない」と一蹴するのはとてももったいない仮説です。検証してみる価値のある仮説です。ちなみに長崎伸仁氏（2016a：114-118）も「じさま仮病説」に触れています。

　子どもには次のように投げ掛けたらと思います。

　「私が〇年前に受けもった子どもが，『先生，このじさまは，本当は病気じゃなくて，病気のフリをしていたんじゃないですか』と言いました。皆さんは，どう思いますか。『病気のフリをする』ことを『仮病』と言いますね。名付けて『じさま仮病説』です。」

　「じさま仮病説」に，いったん乗っかって考えてみましょう。
　仮説を裏付ける証拠はありませんか。

〈根拠〉じさまは「くまみたいに体を丸めてうなっていた」のに，次の朝は
　　　　ケロッと「はらいたがなおって元気に」なっている。

〈根拠〉じさまの様子を伝えると，医者様は「『おう，おう──。』と言って」
　　　　とあり，「えっちら，おっちら」峠道を歩いている。そんなに急ごう
　　　　ともしてない。〈理由〉２人はグルだったのではないか。

　確たる証拠は見付かりません。ですので，あくまで「仮説」に過ぎません。が，いくつかの叙述が証拠の候補となります。

　本件を考えるにあたって，次の点に想像を巡らせてみましょう。

　「豆太が将来父親になり，自分の子どもに，このモチモチの木の祭典の話を切り出すとしたら，この時の出来事をどのように思い出すのだろう。」この時，豆太は，「あの時のじさまの様子，妙にヘンだったなぁ」と思い出しはしないでしょうか。そして，「ひょっとして，じさまは，自分にモチモチの木の祭典を見させるために，わざと演技したのかもしれない」と思い始めたとすると，すでに，この出来事は，豆太にとっての〈イニシエーション（通過儀礼）〉であったこととなります。少年が大人になる時に必ず通過すべき出来事を〈イニシエーション（通過儀礼）〉と呼びます。もう気付かれた読者も多いかと思いますが，多くの成長物語に，この〈イニシエーション（通過儀礼）〉が用意されています。例えば，「海のいのち」における「父の海でのクエとの邂逅」は，紛れもない〈イニシエーション〉です。「じさま仮病説」を採択すると，作品「モチモチの木」は少年の成長物語の典型にスポッと収まってしまうのです。

　つまり，豆太が大人になってから「じさまは敢えて病気の演技をしてくれたのだ」と振り返る時，「じさま」は，豆太にとって〈メンター〉であったということが前景化するわけです。〈メンター〉については，「海のいのち」（110-112頁）で少し頁を多く割いて説明したいと思いますが，簡単に説明すると，「自分を教え導いてくれる人」のことです。〈メンター〉は，教える側が，「私はあなたのメンターだ」と宣言するものではありません。教えられる側が，「あの人は私のメンターだ（メンターだったのだ）」と思い込むだけです。

　豆太は大人になって，遠い5歳のこの日の出来事を，どんな心持ちで思い出すのでしょう。筆者は，「じさまは自分のために演技してくれたんだ」と思い出すほうが，彼の人生が豊かに実るような気がしています。

サーカスのライオン

川村たかし（東京書籍３年上／令和２年度版）

1　本教材で中核とする目標

　登場人物同士のつながりを想像する活動を通して，最後の場面の余韻を読み味わう。

2　本教材で中核とする資質・能力の評価規準

知識・技能	思考・判断・表現	主体的に学習に取り組む態度
登場人物の設定で作品が面白くなることを理解する。最後の場面で黙っている登場人物の味わいを理解している。	エ　登場人物の気持ちの変化や性格，情景について，場面の移り変わりと結び付けて具体的に想像している。	手元にある絵本を開き，最後の場面（エンディング）に味わいのあるものを探そうとしている。

3　学習のポイント

○２人の登場人物が中心となる物語の定型と，第三の登場人物（脇役）の面白さに気付く。

○年老いたものが自らの命を賭して若者の命を救う物語の定型を知り，主人公がいなくなった後のエンディングの余韻を味わう。

4　授業計画（全10時間）

第１次　全体を音読する。

第２次　登場人物（じんざ）の気持ちを想像する。

第３次　登場人物同士（じんざと男の子，じんざとライオンつかいのおじさん）の心の交流を味わう。

第4次 最後の場面を想像して，読み味わう。

5 第3次（後半）の授業

●本時のねらい

　じんざの気持ちを汲んでじんざをサポートしてきたライオンつかいのおじさんの気持ちを考える活動を通して，最後の場面を読み味わうことができる。

コンフリクトを生む〈発問〉

　この作品は主人公じんざと対役である男の子の物語です。じんざと男の子を巡って授業を構想することでしょう。

　ただ，この作品の面白さは，じんざと男の子に絡む「ライオンつかいのおじさん（猛獣使いのおじさん）」にあります。「お手紙」でも「モチモチの木」でもそうでしたが，やはり第三者が作品に奥行きを出してくれています。今回は，ライオンつかいのおじさんにスポットを当てたちょっと変わった授業を提案したいと思います。

　　T：この作品では，ライオンつかいのおじさんがいい味を出していると思うんだけど，皆さんはそう思いませんか。

　　T：「男の子」を助けた「じんざ」の死について，ライオンつかいのおじさんは，どう思っただろうね。

> 　火に飛び込んだじんざに対して，ライオンつかいのおじさんは，「よくやった。」とほめてあげますか。「バカなことをして」と言いますか。

　　C：「男の子」の命を救ったのだから，ほめてあげると思う。

【「よくやった」と思っている】

〈根拠〉アフリカの草原で走りたいという気持ちを理解している。

〈根拠〉「五つの火の輪はめらめらともえていた」とある。じんざが，「『……ようし，あした，わしはわかいときのように，火の輪を五つにしてくぐりぬけてやろう』」と言っていたことに合わせて，最後の場面でおじさんは「火の輪」を5つ用意した。〈理由〉おじさんは，じんざの

気持ちをよく分かっている。

〈根拠〉おじさんが床を打つむちの音が，「チタッ」となっている。最初のム
チの音は「チタン，チタッ」だった。〈理由〉はじめの時は，おじさ
んも，演技にあまり熱が入ってなくて，ムチの不要な音が入っている。
でも，最後の演技は１回でビシッと決めている。

お客さんが，一生懸命手を叩いているけど，どうしてですか。

C：じんざが，男の子を助けたことをお客さんたちも分かっているから。

C：いくら「じんざがどうして帰ってこなかったかを，みんなが知ってい
た」としても，ライオンつかいのおじさんの姿が必死でないと，「一
生けんめいに手をたた」く気持ちにはならないはず。お客さんは，
「じんざ」に敬意を表していると同時に，じんざがいなくても，じんざ
がまるでそこにいるかのように演じているおじさんにも感動している。

T：実際に頭の中で最後の場面をイメージしてみましょう。

T：この話は「じんざ」と「男の子」の話なんだけど，「じんざ」と「ラ
イオンつかいのおじさん」との話でもあったんだね。

「ライオンつかいのおじさん」と「じんざ」の２人の関係がとても親
しいと感じられるところをあげてみましょう。

C：「『今日のジャンプなんて，元気がなかったぞ。』」

C：「『ちょっとかわってやるから，散歩でもしておいでよ。』」

T：これも〈第三の登場人物〉が作品を味わい深くしていたのですね。

深い学びに導くポイント

　この話の主となる縦軸は，「じんざ」と「男の子」を巡る物語です。しか
し，「じんざ」と「ライオンつかいのおじさん」の繋がりは家族のようにも
っと長く深いでしょう。そうでなければ，「おじさん」は服を「じんざ」に
貸してあげて町を歩くことを許したりはしません。「おじさん」は，「じん
ざ」と「男の子」のやり取りを遠くから眺め，「じんざ」の気持ちを理解し

ていたと言えます。「火の輪」を5つ用意したのは，「じんざ」の最高潮の時を再現したかったからであり，「じんざ」への敬意を表しています。主人公はいなくなったのだけれど，主人公以外の登場人物が余韻を残して幕を閉じるというエンディングは映画の常套手段です。

　ここでは，これまでの既習事項である〈第三の登場人物〉が作品に厚みをもたせ，作品の味わいを深めていることを確認するのにプラスして，余韻を残す「作品のエンディング」の味わいを確認したいところです。

　また，この作品は主人公が自らの命を投げ出して若い命を救う**〈身代わり物語〉**です。言うまでもなく，〈身代わり物語〉は私たちの心を大きく揺さぶり涙腺を緩ませます。

　映画『グラン・トリノ』（監督・主演クリント・イーストウッド）は，町の厄介者の年寄りが若者の命を救う話ですし，パニック映画『ポセイドン・アドベンチャー』（原作ポール・ギャリコ）でも老婦人が仲間を救うシーンに涙がこぼれます。また，映画『レオン』（主演ジャン・レノ）は年寄りではありませんが，アウトサイダーの殺し屋が少女を救う話であり，これらの映画はWeb上の映画評価でいずれも高得点です。そして，その〈身代わり物語〉のお決まりのエンディングには対役や脇役が主人公を追悼する儀式が用意されており，それが深くせつない余韻を残すのですね[18]。この追悼の儀式を授業で取り上げないのは勿体ないと筆者は思います。

内化　獲得する〈物語の法則〉

【身代わり物語】

【余韻を残すエンディング（追悼の儀式）を味わう】

外化　〈読み方〉を活用させる

　「〈身代わり物語〉があったら，教えてください。また，作品のラストシーンで印象的なものがあったら紹介してください。」と尋ねてみましょう。

リフレクション

　【指示】「サーカスのライオン」のエンディングについて，「余韻」という言葉を使って，自分の考えや感想をまとめてみましょう。

世界一美しいぼくの村・世界一美しい村へ帰る

小林豊（東京書籍4年下／令和2年度版）

1 本教材で中核とする目標

何もかも壊された村を美しいという主人公や語り手の気持ちを考える活動を通して，描かれた情景から未来への希望を感じる感性を養う。

2 本教材で中核とする資質・能力の評価規準

知識・技能	思考・判断・表現	主体的に学習に取り組む態度
情景描写に登場人物の気持ちが重ねられていることを理解している。	エ　登場人物の気持ちの変化や性格，情景について，場面の移り変わりと結び付けて具体的に想像している。	登場人物のポジティブな心境を習い，身の回りの風景から未来の希望を見出す感性を磨こうとしている。

3 学習のポイント

○第三者には「破壊された痛々しい村」なのに当事者である登場人物には「美しい村」であるという，作品の〈仕掛け〉の解明から出発する。

○「友だちがいるから」という解答でなく，テクスト内の描写を丁寧に拾い出すことで，登場人物の心持ちに気付くようにする。

4 授業計画（全13時間）

第1次　全体を音読する。

第2次　設定（とき・ところ・ひと）を捉える。

第3次　登場人物の気持ちを想像する。

第4次　情景描写に登場人物の気持ちが重ねられていることに気付く。

5 第4次の授業

●本時のねらい

　戦争で破壊された村をなぜ「世界一美しい村」と言うのかを考える活動を通して，「えだ先の小さなつぼみ」に復興の未来を感じてそれを言語化できる感性を養う。

コンフリクトを生む〈発問〉

　この作品には，誰が読んでも疑問を抱く〈仕掛け〉があります。それは，「戦争で破壊された村，何もかも壊されてすっかり様子が変わっている村を，なぜ『世界一美しい』と言えるのか。」という問いです。

　多くの読み手が抱く問いですので，この素朴な問いをそのまま課題にして考えてみるとよいでしょう。

> パグマンの村は，本当に美しいと言えますか，言えませんか。

　C：「こわされ」た村が，美しいわけがない。
　C：「何もかもこわされ」た村は，ここを故郷としない人から見ると，悲しくさびしい。
　C：「焼けこげたすももの木」も，ここを故郷としない人から見ると，戦争の傷跡として痛々しい。
　C：「雲海の中」から「うかび上が」る町が美しいのと反対だ。

> 　語り手は，この村を「美しい村」と言っています。どうして「美しい」と言えるのでしょう。

　C：「新しい笛を取り出すと」とある。新しい笛が，新しい世界一美しい村を演奏するみたいだ。
　C：「ほっぺたとほっぺたをくっ付けて，しっかりとだき合」うくらいに大切な友だちがいるから，美しい。
　C：「作物の種」は，すももかもさくらんぼかもしれない。今は破壊されて何もないのだけれど，きっと「作物の種」をまき，畑を耕すことで

「世界一美しい村」が復活すると思う。

C：「春，村は緑でいっぱいになるでしょう。」とある。木が芽吹く姿から，豊かな村の未来が感じられる。

C：「世界一美しい村は，今も，みんなの帰りを待っています。」でお話が終わっている。今はヤモとミラドーたちだけであっても，大ぜいの村人が帰ってくると「世界一美しい村」に戻ると思う。

C：「よく見ると，えだ先に，小さなつぼみが付いて」いる。この小さなつぼみが開いていくことで，「世界一美しい村」になると思う。

深い学びに導くポイント

　テクストを離れて，「友だちがいるから」「思い出があるから」美しいという意見を述べる子どもはどのクラスにもいることでしょう。ここでは，そういった〈理由〉よりも，テクストの叙述を拾うことが重要です。

　というのも，「えだ先の小さなつぼみ」という叙述から「村の美しい未来」を見出した子どもは，現実の世界においても，「えだ先の小さなつぼみ」を見付けたことにより，その「町の美しい未来」を感じとることができるかもしれないからです。他の人々が見過ごしていても，気付かないでいても，傷ついた木々の枝の先に小さな未来を見付けることができるとしたら，それは素晴らしいことではないでしょうか（佐藤佐敏：2018）。

　今，日本には，東日本大震災をはじめとして，西日本豪雨など余儀なく離郷しなければならなかった人たちがいます。そういった自然災害の被害に遭ってしまう人は残念ながら今後も増えていきそうです。

　本教材を学習することで，故郷に戻ってきた人々が，変わってしまった故郷の木々に「つぼみ」を見付け建設的に「未来」を見出せたとしたならば，それは悪いことではありません。そんな「木々のつぼみ」に「未来」を見出す子どもたちの感性を育みたいものです。殊に筆者の住む福島では，原発事故の復旧は，政治的かつ技術的にはかばかしく進んでおりません。そんな地にあっても自然の生命のたくましい息吹を感じることで，力強い「希望」を感知する子どもたちのセンサーを高めたいと筆者は思っています。

【板書】えだ先の小さなつぼみが，世界一美しい村の復興を約束しているようです。

本時は，〈読みの方略〉も〈物語の法則〉も確認せず，どっぷりと作品世界に浸らせたい作品です。

【指示】感想をまとめてください。

災害と向き合う国語の授業をどう組織するか

　一般的に，被害に遭ってない人間が被害について語ることは禁忌とされます。傷を負った人にしかその傷の本当の痛みは分からないからです。仮に傷を負った人の心情に寄り添い「せつないですね」と声を掛けたとしましょう。この時，「あなたに私の苦しみが分かるのですか」と突き放されることもあるでしょう。不用意な声掛けにより，偽善者呼ばわりされることもあるでしょう。こうなると，被災問題は傷を負った人たちだけが語ることを許される聖域となります。

　この構図は，被災問題だけに限らず，社会的弱者に関する問題に広く認知されます。小浜逸郎（1999：11）は，「わが国では，『弱者』や『マイノリティ』の問題には，これまでいつも次のような空気がつきまとってきたのが感じられる。それは，マイノリティの当事者以外には，マイノリティの問題を語る資格はないかのような空気である。」と述べています。このようなデリケートな構造的問題によりマイノリティ問題の教材化や授業化は慎重にならざるをえません。

　しかし，だからといって，本テーマに関する作品を子どもから遠ざけているという消極的な教育的対処でよいわけではないでしょう。思慮深く作品を選択し，災害から立ち直るということ，故郷を復興するということを前向きに考える子どもを育てたいと思います。

4年

初雪のふる日

安房直子（光村図書４年下／令和２年度版）

1　本教材で中核とする目標

　『水仙月の四日』と「初雪のふる日」を比べて読む活動を通して，〈アイテム〉に着目することのよさと〈異界物語〉の典型について説明できる。

2　本教材で中核とする資質・能力の評価規準

知識・技能	思考・判断・表現	主体的に学習に取り組む態度
命の危険に関する言い伝えや民話には，様々なメッセージが込められているということを理解している。	エ　登場人物の気持ちの変化や性格，情景について，場面の移り変わりと結び付けて具体的に想像している。	民話的作品で伝承されている様々なメッセージを感じ取ろうとしている。

3　学習のポイント

　○不思議な作品世界に入り込んだうえで，登場人物の言動の意味について，様々な叙述と絡めて考える。
　○宮沢賢治『水仙月の四日』と比べ読みをして，作品の共通点を探し，その共通点の意味を考えることで，１つの物語典型に気付く。

4　授業計画（全７時間）

第１次　全体を音読する。
第２・３次　場面設定，人物設定，登場人物の変化を捉える。
第４次　『水仙月の四日』との共通点と相違点を考え，異界物語での〈物語の法則〉を捉える。

5 第4次の授業

●本時のねらい

「なぜ女の子は，雪うさぎたちに連れ去られずにすんだのか」を考える活動を通して，登場人物の気持ちや考えを想像し，昔からの言い伝えによくあるお話の定型に気付く。

コンフリクトを生む〈発問〉

「女の子はどこで不思議な世界に入ってしまい，どこで抜け出して現実の世界に戻ったのだろう」

「女の子の変化のなかで一番大きな変化はどこだろう」

「女の子が本気で帰ろうとしたのはどこだろう」

などといった問いが生まれることでしょう。いずれも作品の構造的な問いになります。ここでは以下の問いを取り上げて考えていこうと思います。

> 女の子は，どうして不思議な世界から戻ってくることができたのでしょう。

C：よもぎの葉を拾ったから。

C：なぞなぞを出すことができたから（賢かったから）。

C：おばあちゃんの話を覚えていたから（年輩者の話を聞いたから）。

T：そうだね，これはオープンクエスチョンだから，いろいろ言えるね。

深い学びに導くポイント

この作品は，宮沢賢治の『水仙月の四日』のオマージュです。前著において筆者は，宮沢賢治の「やまなし」の実践で発展教材として『水仙月の四日』を取り上げ，〈マクガフィン〉の面白さについてお伝えしました。本作品でも是非とも『水仙月の四日』と比べ読みさせたいところです。

『水仙月の四日』のあらすじは以下のとおりです。

男の子が春を告げる吹雪に巻き込まれます。吹雪を起こしているのは雪婆んごと呼ばれる雪女とその使い手である雪童子と雪狼です。その吹雪の前に雪童子はふざけて男の子に宿り木の枝をぴいと投げます。すると男の子はその宿り木を大事そうに持って歩き出しました。雪婆んごは激しく雪を降らせ

ながら，雪童子に男の子を「こっちへとっておしまい。」と命令します。しかし，雪童子は，自分の投げた宿り木を大切に持っていた男の子を死の世界に連れ去ることができません。吹雪を巻き起こしているふりをして男の子を助け，春の朝を迎えさせるのでした。

　ご覧のとおり，秋から冬に向かう初雪の日と冬から春に向かう吹雪の日という違いと，男の子と女の子という違いはありますが，異界に子どもが連れ去られる構図は同じです。そして，以下の点が強烈に似ています。

　いずれも，「雪うさぎ」や「雪童子」「雪狼」という異界の使者がこの季節の変わり目の日に，子どもを雪の世界に連れ去ろうとしています。そして，「初雪のふる日」の女の子は「よもぎの葉」によって，『水仙月の四日』の男の子は「宿り木」によって，異界に連れ去られずにすみます。「よもぎ」は魔除けの草であり，薬草として様々な病気から身を守ると言われています。同様に「宿り木」は常緑低木であり，常に命を宿している樹木です。2人とも護符の役目を負うこの〈アイテム〉に助けられたわけです。

　また，女の子は，「赤いセーター」を着ていますが，『水仙月の四日』の男の子も「赤い毛布」をかぶって雪から身を守っていました。この「赤」はまさに血が全身を駆け回っている「生命のともしび」を暗示しています。

　ひと昔前は，大人になる前に多くの子どもが亡くなっていました。そのなかには，自然界に連れ去られて行方不明になった子どももいたことでしょう。昔の人は，それを神隠しにあったと言っていました。

　そういった時代において，子どもを異界に掠(さら)われないようにするために，このような教訓を含んだ民話が各地方で語り継がれてきたのでしょう。

　さて，女の子が不思議な世界から戻ってくることができた理由に戻りましょう。いろんな表現ができると思いますが，第一に，「おばあさんの話」をこの危機的状況でちゃんと思い出したからです。その昔，囲炉裏を囲んで祖父母から聞かされた昔話やら言い伝えは，生きた知恵袋として代々引き継がれてきたものでしょう。

　そして，それとともに異界から戻ることのできた最大の理由は，何と言っ

ても女の子が「よもぎの葉」を持っていたこと，それを手放さなかったことです。つまり，「よもぎの葉」が護身の〈アイテム〉として機能したということです。ここで〈アイテム〉に着目するという〈読みの方略〉について説明しましょう。劇作家の小池一夫氏（2016：146）が，脚本の指南書の中で様々な具体例をあげながら次のように述べています。「古くからさまざまなドラマを生んできた《アイテム》を，キャラクターに持たせることで，キャラクターが起ちます。」そして，「物・アイテムはそれ自体が意味や役割を持っていますから，それを持たせるだけで無言のうちに，そのキャラクターの性格，役割，地位，価値観などを表すことができます（同：192-193）。」

　小池氏は書き手の立場で述べていますが，これは〈読みの方略〉としても活用できます。〈アイテム〉に着目することで，見えてくる世界があるということです。「よもぎの葉」は，『水仙月の四日』の「宿り木」と同様に「生命力」の象徴として機能している〈アイテム〉だったわけです[19]。

　また，本作品で女の子は，雪うさぎになぞなぞを出したり，歌の歌詞を変えたりしています。まさに「知恵のある行動」です。宮崎駿氏の『千と千尋の神隠し』ではありませんが，神隠しにあったとき，異界から戻れるかどうかは，「負けない勇気」とこの知恵比べに勝つための「知恵のある行動」が決め手になります。合わせて子どもたちに考えさせたいお話です。

内化　獲得する〈物語の法則〉と〈読みの方略〉

【神隠しの物語】＝【知恵のある者が異界から脱出できる】

【〈アイテム〉に着目して読む】

外化　〈読み方〉を活用させる

　水戸黄門の印籠，仮面ライダーの変身ベルトなどの〈アイテム〉も想起させ，他にないか，探させてみましょう。

リフレクション

【指示】〈アイテム〉，〈異界〉という用語を使って，この作品の面白さをまとめてみましょう。

たずねびと

朽木祥（光村図書5年／令和2年度版）

1　本教材で中核とする目標

　自分が疑問に感じた，登場人物の気持ちを考える活動を通して，**〈主客転倒の物語〉**典型について説明できる。

2　本教材で中核とする資質・能力の評価規準

知識・技能	思考・判断・表現	主体的に学習に取り組む態度
「自分がしていた」つもりが，「自分はされていた」だけだったという物語典型を理解している。	イ　登場人物の相互関係や心情などについて，描写を基に捉えている。	自分にも似たような経験がなかったかを振り返り，それを言語化して他者に伝えようとしている。

3　学習のポイント

　○登場人物の相互関係を叙述に即して丁寧に読んでいく。

　○主人公が抱いた確信的な予感の理由を考える際に，多くの叙述の整合を図る。

4　授業計画（全6時間）

第1次　全体を音読する。

第2次　登場人物の心情を想像する。

第3次　登場人物の心情について多くの叙述を響き合わせる。

第4次　戦争について，または本作品の〈仕掛け〉について自分の経験と照らし合わせてまとめる。

5　第3次の授業

●本時のねらい

「綾がアヤちゃんを見つけられるような気がしたのはなぜか」を考える活動を通して，作品に隠された「仕合わせ」の〈仕掛け〉を説明することができる。

コンフリクトを生む〈発問〉

　子どもはきっと「——楠木アヤちゃんが確かにこの世にいて，あの日までここで泣いたり笑ったりしていたこと，そして，ここでどんなにおそろしいことがあったかということ——をずっとわすれないでいたら，世界中のだれも，二度と同じような目にあわないですむのかもしれない」に反応するでしょう。確かにそういうものです。自分と関係のある特定の個人の悲劇とつながっていれば，「スローガンとしての平和」でない「具体的な平和」を希求するものです。ヒロシマをモチーフとした作品を多く手がけている作者朽木のメッセージがそこにあるのは疑う余地はありません。だからこそ，楠木綾が楠木アヤとつながることで「戦争と平和」をよりリアルに考えることができたプロセスを辿ることに，本作品を授業で扱う意味があります。

　まずは，子どもからあがる単純な次の2つの問いを拾い上げてみましょう。少し難しい問いですが，背伸びをさせて考えさせたいところです。

> 「また指でなぞった」とありますが，『また』ではないですよね。これは，どういうことでしょう。

C：「手をのばしたが，とどく寸前で目が覚めた」を受けているのでは。

C：「『楠木アヤ』と書いてある所を指さした」を受けている。

C：「『楠木アヤちゃんの夢やら希望やらが，あなたの夢や希望にもなって』」というところを受けて「また」と言っているのかもしれない。

T：そのとおりです。この「また指でなぞ」るという行為は，2人の人生が重なり合っていることを表していますね。この時にようやく，綾が感じていた「漠然とした戦争悪」は，「個人的なつながりをもった戦

争悪」になったのですね。

「広島に行けば，きっとアヤちゃんを見つけられるような気がした」
のは，どうしてだったのでしょう（傍点筆者）。

Ｔ：この予感を抱いた理由はいたってシンプルです。
　　「綾」が「アヤ」を探しに広島に行ったはずなのですが，実は，「ア
　　ヤ」が「綾」を探して待っていてくれている物語だからです。自分を
　　呼んでいる相手に自分が会いに行くのですから，２人が出会うことに
　　疑問を抱く必要はありません。綾がアヤを「見つけられる」という確
　　信めいた予感を抱くのは，至極当然のことだったのです。

「綾」が「アヤ」を探しに広島に行った話なのに，実は「アヤ」が
「綾」を探して待っていたことが分かる表現があります。探してみまし
ょう。

〈根拠〉おばあさんが，「『アヤちゃん，よかったねえ。もう一人のアヤちゃ
　　　んがあなたに会いに来てくれたよ。』」とアヤちゃんに呼びかけている。
　　Ｔ：このほかにも，アヤが綾を待っていることを暗示している表現があり
　　　ます，探してみましょう。
〈根拠〉「『さがしています』という大きな文字が，わたしの目に飛びこんで
　　　きたのだ。」とあります。〈理由〉多くの人が，その駅の構内を通って
　　　いる。どうして主人公の綾の目にだけ，その文字が飛び込んできて，
　　　しかも，足を止めさせ，ポスターにまで引き寄せたのだろう。それは，
　　　「すごく不思議なポスター」だったのだけれど，ポスターに引き寄せ
　　　られていったことも不思議だったのだろう。
〈根拠〉「どうも気になって，ポスターのはってあるかべまで歩いて行」きま
　　　した。〈理由〉普通の人は気になっても，足を止めたりはしない。ま
　　　してや，ポスターの貼ってある壁まで歩いて行くことはない。綾がポ
　　　スターの貼ってある壁まで歩いて行ったのは，アヤに呼ばれているか

らだ。

〈根拠〉「『楠木アヤ』——かっこの中には年れいも書いてあった。（十一さい）——年れいも同じ。／——びっくり。だれかが，わたしをさがしてるの。」〈理由〉——そのとおり。楠木アヤが主人公楠木綾を探していたのだと言える。綾は，アヤに呼ばれているのであり，アヤは綾に会うことを待っている[20]。

〈根拠〉「『アヤ』という名前が，ふいにうかんで見えた。はっとして手をのばしたが，とどく寸前で目が覚めた。」〈理由〉綾は不思議な夢に導かれている。

〈根拠〉「わたしは，もう一度ポスターを見にいくことに決め」ている。〈理由〉これも，綾がアヤに導かれているということだ。

深い学びに導くポイント

さて，皆さんは，この作品でググッと心を揺さぶられたところはありませんでしたでしょうか。きっと１カ所だけ，一瞬だけれど，目頭が熱くなった箇所があるのではないかと思います。供養塔に手を合わせて話し出したおばあさんの台詞です。

「アヤちゃん，よかったねえ。もう一人のアヤちゃんがあなたに会いに来てくれたよ。」

なぜ，読者である私たちはここで，一瞬目頭が熱くなったのでしょうか。

——それは「綾」が「アヤ」を探しに広島に行ったはずの物語なのに，実は，「アヤ」が「綾」を探して待っていたことが分かったから——なのです。この〈主客転倒の物語〉というギミックに気付いたことで，作品内の様々な叙述が整序され，目頭が熱くなった理由が解き明かされていきます。

いかがでしょう，上記のようにこんなにも多くの叙述が響き合い，整序されました。上記の根拠以外にも，ちなみに「私をさがしにきてください」，「あなた（綾）にさがしに来てほしいのです」というアヤの声は，綾に〈根拠〉「『どうして何十年もだれもさがしにこないのかな。』」という気がかりとしても表象されています。そして，「見つけられるような気がした」という

前未来的な綾の確信が吐露されたのでした。

「『アヤちゃん，よかったねえ。もう一人のアヤちゃんがあなたに会いに来てくれたよ。』」

このおばあさんの台詞が，これまでの謎を回収します。

アヤちゃんが綾ちゃんを呼んでいたことをおばあさんは知っていたのですね。だから，この一文で読者はいきなり泣けてくるのです（少なくとも，筆者は不覚にもここでグッと目頭が熱くなりました。それがなぜなのか——，なぜグッときたのか——，なぜ，目頭が熱くなる身体反応が自分に起こったのか——初読の時には分かりませんでしたが）。

綾がここに引き寄せられた理由がこのおばあさんのひと言で融解したのでした。一読した時身体が先に反応して筆者の目頭を熱くさせたわけですが，「ああ，そういうことだったんだ」と合点した理路を説明できるようになるまでは少し時間がかかります。

内田樹（2007）は，『私の身体は頭がいい』とその著書で述べていますが，頭で考える前に身体が反応するということは，身体のほうが頭より頭がよいと言えます。「目頭が熱くなる」といった身体反応は，脳が理解する前に，身体がそれを感知したということを表象しています。ですので，その身体反応を言語化するというのは，とても意味のある言語行為であると言えます。

生きていると，偶然の出会いが，必然の出会いだったと感じられる瞬間が時々あります。そんな時，人は，何かに導かれてそこに来た，誰かが自分を呼んだのだ，と後付けで知ることになります。

「なぜか自分はそこにいた」とか

「何かに導かれてそこに来た」とか

「自分が探していたと思ったら，相手も自分を探していたんだ」……など。

結婚披露宴でよく歌われる中島みゆきの「糸」という曲がありますが，このような出会いは，きっと「仕合わせ」な邂逅だと言えるのでしょう。

内化　獲得する〈物語の法則〉

漠然とした戦争悪から具体的かつ個人的なつながりをもった戦争悪へ。

【主客転倒の物語】

外化 〈読み方〉を活用させる

【指示】もし，これまでの出来事や人との出会いにおいて，あなたに「仕合わせ」と言えることがあったら，それを教えてください。

まとめ 板書を視写させる

【板書】自分が探していたのに，相手も自分を探していたという巡り会いを「仕合わせ」と呼ぶ。

リフレクション

【指示】綾が「アヤちゃんを見つけられるような気がした」のは，どうしてだったのか。「仕合わせ」という言葉を使って納得解をまとめましょう。

●補足

〈主客転倒〉のギミックは，サイコスリラー，サイコホラーといった心理フィクションを扱った映画やドラマで使われます。子どもに紹介する必要はありませんが，次のようなパターンをとります。「犯人は狂ったあいつだ」と主張してた主人公が実は発狂していたという展開や，「世の中は間違っている」と告発していた語り手こそがサイコパスだったというどんでん返しです。筆者は，無名塾（仲代達矢主宰）の舞台「プァー・マーダラー」（P・コホウト）のクライマックスのどんでん返しで，文字通り全身の毛が逆立つ身体反応を起こしました。

このような〈語り手〉は文芸の世界では**〈信頼できない語り手〉**と呼び，巧妙な**〈叙述レトリック〉**として研究されています。

〈主客転倒〉のギミックの利く展開は，脳が理解する前に身体がゾクゾクと反応します。私たち人間は，身体のほうが頭より頭がよいのです。

だいじょうぶ　だいじょうぶ

いとうひろし（東京書籍5年／令和2年度版）

1　本教材で中核とする目標

　発話者とその相手を考える活動を通して，登場人物の相互関係を説明できるとともに，〈語り〉の多様性について説明できる。

2　本教材で中核とする資質・能力の評価規準

知識・技能	思考・判断・表現	主体的に学習に取り組む態度
〈語り〉に着目することで作品を豊かに読めることを理解している。	イ　登場人物の相互関係や心情などについて，描写を基に捉えている。 エ　表現の効果を考えている。	登場人物の台詞があたかも自分自身に向けられているように感じる作品がないか探ろうとしている。

3　学習のポイント

　○子どもたちに「だいじょうぶ　だいじょうぶ」の発話主体や，発話対象等を考えて作品を読むことを促し，その有用性を子どもたちに実感させる。

4　授業計画（全4時間）

第1次　全体を音読し，感想を書く。

第2次　場面ごとに「ぼく」と「おじいちゃん」のかかわりを押さえる。

第3次　「だいじょうぶ　だいじょうぶ」は，誰が誰に向かって言っているのかを考える。

第4次　感想を交流する。

5　第3次の授業

●本時のねらい

　「だいじょうぶ　だいじょうぶ」という言葉の反復が，誰が誰に向かって言っているのかを考える活動を通して，登場人物の相互関係だけでなく，語り手や読み手，聞き手を含めた関係性について説明することができる。

コンフリクトを生む〈発問〉

　最後の「だいじょうぶ　だいじょうぶ」が，他の「だいじょうぶ　だいじょうぶ」と異質なことに気付く子どもは，きっと多くないでしょう。自然を装いながら，その言葉に着目させるのは難しいものです。大胆に，「先生はね，最後の『だいじょうぶ　だいじょうぶ』が気になります。これ，誰が誰に向けて言っているんだろう。誰か，先生に教えてくれませんか？」と単刀直入で投げ掛けたらどうでしょう。教師と子どもの関係が悪くなければ，子どもたちは教師の疑問を自分たちの問いにして考えてくれるはずです。

　そして，その問いの解答を考えているうちに，子どもたちが新たな問いを抱くことを期待したいと思います。「あれ，最後の『だいじょうぶだよ，おじいちゃん。』だけ，カギ括弧がないけど，どうしてだろう。ここにカギ括弧がないのは，作者が付け忘れたのかな，何か別の意味があるのかな」

　最初の問いを教師が投げ掛けたとしても，それを考えているうちに子どもたちに新たな問いが生成されるのであれば，その授業展開は悪くない流れと言えるでしょう。そして，その問いに答えることで，作品世界の深さに気付くとしたら，それはよい展開だと思います。

> 　最後の「『だいじょうぶ　だいじょうぶ』」は，ぼくが〈だれ〉に向かって，「〈何が〉だいじょうぶだ」と言っているのでしょう。

　C：「ぼく」が「おじいちゃん」へ。「この病気は治るよ，だいじょうぶ」
　C：「ぼく」が「おじいちゃん」へ。「天国も悪いところじゃないよ，だいじょうぶ」
　C：「ぼく」が「おじいちゃん」へ。「おじいちゃんがいなくても，ぼくは

だいじょうぶだから，心配しなくていいよ」

C：同じく「おじいちゃんがいなくても，ぼくはだいじょうぶだよ」という意味だけど，「ぼく」が「ぼく」自身，自分自身に向かって言っているようにも読める。

C：その後にもう1つ，「だいじょうぶだよ，おじいちゃん」とあるけど，ここには，カギ括弧がない。どうしてだろう。

最後の「だいじょうぶだよ，おじいちゃん。」は，「……」のカギ括弧がありませんね。なぜでしょう。

【補助】こちらを見てください。絵本では，この最後の2行で1頁となっていますね。ご覧のとおり，挿し絵では「おじいちゃん」はもういません。お見舞いに持っていった「お花」しかありませんね。

C：おじいちゃんがいなくなったから，「お花」しかないってことだ。だから，カギ括弧がないと思う。

C：もう，おじいちゃんがいない，おじいちゃんが死んだってこと？

C：直接伝える相手がいないから，カギ括弧がないんだ。

C：「ぼく」が，心の中でつぶやいている言葉だから。

「だいじょうぶだよ，おじいちゃん。」とあるので，「おじいちゃん」に向けても言っているのでしょうが，他にも考えられますね。「だれ」が「だれ」に向けて言っているのでしょう。

C：「ぼく」が自分自身に向けて言っている感じがする。

C：「作者（語り手）」が「読み手」のぼくたちに向けて言っている感じもする。

深い学びに導くポイント

残念ながら，東京書籍の教科書では，絵本の最後の頁の絵はカットされています。「おじいちゃんの不在」を表す絵本の最後の頁は「辛すぎる」という編集側の判断があったのかもしれません。が，デス・エデュケーションと

しての意味も含め，筆者は，絵本の最後の見開き頁を子どもたちに見せてあげたいと考えます。

「お見舞いのお花だけ」の頁は，「おじいちゃんが病院からいなくなり，お花だけが残っている」ということを表しています。つまり，「語る実在としての相手の不在」を象徴しているということです。「おじいちゃんの不在（逝去）」ですね。

それを踏まえて，頁を追うごとに，「だいじょうぶ　だいじょうぶ」という鍵語の発信者と受信者が転換されていると読めることを確認します。

1　最初は，「おじいちゃん」から「ぼく」に，「だいじょうぶ」と語られていました。

2　そして，本文に「今度はぼくの番です」とあるように，「ぼく」から「おじいちゃん」に語られます。

3　それは，「ぼく」から「ぼく」へ発信していることでもあるわけです。「おじいちゃんがいなくても，（たとえ困難が待ち受けていても）ぼくはだいじょうぶだよ」と，自分自身に向けても言っている……つまり，「未来の自分を肯定する，自分を信頼する」という意味を含めた「だいじょうぶ」と読めるわけです。

4　次に，それは，「『語り手』や『作者』，そして登場人物の『ぼく』」が，「読み手」に向けて，「あなたもだいじょうぶだよ」と包み込んで語り掛けているようにも読めます。

5　そしてさらに，お母さんやお父さんや教師が，子どもにこの絵本を読み聞かせているとすると，その「読み手」である大人が「聞き手」である子どもに向けて「あなたもだいじょうぶだよ」と言い聞かせているという構造にもなるわけです。

この重層的構造について，授業者は気付いていてもよいでしょう。

筆者がもし，この物語を小学生に読み聞かせるとしたら，無意識のうちに「5」の意味を，言の葉に乗せて音声化すると想像します。

登場人物が，登場人物に語っている構図の中で，読者に「だいじょうぶだ

よ，君も」とメッセージを送っていると感じられるというわけです。それが読み手や聞き手に明確に自覚されているかどうかに関係なく，きっと，読み手にも聞き手にも，「ぼくたちは大丈夫だ」という自己肯定感を与える呪符になると筆者は思っています。

内化　獲得する〈読み方〉
【登場人物のセリフは，読み手に向けて語っていると感じることがある】
外化　〈読み方〉を活用させる

　手元にある漫画やアニメなどをこの方略で読んでもらいましょう。「登場人物の言葉が，自分に向けられているように感じたことはありませんか。」

　ここでも村上春樹を例示させていただきます。村上春樹（2017：第2部541）の『騎士団長殺し』の最後は，主人公が娘に向けて呟く，次の一言で作品が閉じられています。

　「騎士団長はほんとうにいたんだよ」と私はそばでぐっすり眠っているむろに向かって話しかけた。「きみはそれを信じた方がいい」

　ここでの「むろ」という名の「きみ」は，主人公の「娘」です。主人公が娘に向けて話し掛ける構図で作品は閉じられるのですが，多くの読者は，自分に向けてこの台詞が発せられたと受け取るような構造になっています。本作品の主人公は，他の村上作品同様，他者に振り回されボロボロに傷つく状況にありながら，それでもなんとかタフに踏ん張っている男です。その主人公が，自分の遺伝子を受け継いでない娘に向けて，こう話し掛けて作品が締めくくられます。ここでいう「騎士団長」とは，様々な解釈ができるのですが，筆者には「君を助け，導いてくれる存在」と読めます。

　「ぼくたちの人生は退屈かつ凡庸でありながらそれなりに波乱であり，ぼくたちは日々の生活の中で傷ついているけれど，それでも，『騎士団長はいる（君を助け，導いてくれる人は必ずいる）』と『きみも信じた方がいい』」と語り手が私たち読者にメッセージを送っていると読めるのです。「自分と

いう人間は，残念なくらい才能がなく，意志も弱い，そんな自分の力や意志を信じるのはなかなか難しい。確かに，自分独りで困難を越えていければそれに越したことはないけれど，ポンコツである自分の力なんて，信じられない。そして，困ったことに，この世界は自分の力ではどうにも打破できないことばかりで塞がれている。しかし，そんな世の中であり，どんなに辛い状況に遭っていても，自分を助け導いてくれる人はいる」——根拠はなくとも，それは，信じてもいいかもしれません。

　この重層的な構造に気付くと，実際，日々疲弊している読み手は，この登場人物の吐いた台詞を，語り手や作者から自分に向けたメッセージと受け止め，温かい勇気を抱きます。

まとめ　板書を視写させる

【板書】登場人物の声，語り手の声が，作者の声に聞こえることがあるかもしれない。登場人物の声，語り手の声が，読者の自分に向けられているように聞こえることがあるかもしれない。

リフレクション

【指示】〈語り〉という用語を使って，この作品のよさをまとめてみましょう。

風切るつばさ

木村裕一（東京書籍6年／令和2年度版

1　本教材で中核とする目標

　集団の沈黙や，登場人物が無言でいる場面を比較する活動を通して，登場人物の相互関係について理解するとともに，「沈黙」や「無言」であることの物語上の意味を説明できる。

2　本教材で中核とする資質・能力の評価規準

知識・技能	思考・判断・表現	主体的に学習に取り組む態度
沈黙や無言，空白，休符，無ということが芸術の世界では大きな意味をもつことを理解している。	イ　登場人物の相互関係や心情などについて，描写を基に捉えている。	音楽での休符や，絵画の空白を思い浮かべて，無いということが有ることの意味を考えようとしている。

3　学習のポイント

○子どもたちに「沈黙」や「無言」という分析観点から作品を読むことを促し，実際にその観点から読むことで，その有用性を子どもたちに実感させる。

4　授業計画（全7時間）

第1次　全文を通読する。

第2次　場面ごとに「クルル」と「カララ」のかかわりを押さえる。

第3次　4つの「沈黙」や「無言」を比較する。

第4次　クルルとカララの心情を捉える。

5　第3次の授業

●本時のねらい

　「沈黙」「無言」である描写を比較する活動を通して，クルルとカララが互いの気持ちをいたわっていることを説明できる。

コンフリクトを生む〈発問〉

　子どもの感想を基に本授業を組織すると，彼らのクラス内でのパワーバランスという問題を避けるわけにはいかなくなります。教室によっては，生々しい感想が寄せられるかもしれませんし，その逆に妙に空々しい他人事のような感想が寄せられるかもしれません。なんとも授業しにくい空気となりそうです。「道徳臭い」授業にならざるをえないでしょう。道徳の授業にすり替わってしまうかもしれません。それが学級の人間関係によい影響をもたらす自信があれば，勝負してもよいでしょうが，空々しくなる授業は避けたいものです（その事由は後述します）。

　小学校学習指導要領第5・6学年の「C読むこと」（文学的文章）では，「イ　登場人物の相互関係や心情などについて，描写を基に捉えること。」が学習内容となっていますので，本作品でも人物相関図を書かせてみたくなりますが，残念ながら本作品内の人間関係を図式化しても，面白い発見はありません。

　好まない論者もいることは承知していますが，筆者は，敢えて，子どもが気付かない視点から授業を構想したいと思います。道徳の授業を避けるためです。先の教材「だいじょうぶ　だいじょうぶ」と同様に，「先生はこの作品を読んで，気になったことがあるんですけど，皆さん，先生が気になった問題を一緒に考えてくれませんか？」と誘ってみたいと思います。

> 　この作品には，「だまっている」とか「話さない」というシーンが多いですよね。「だれもがだまっていて，シーンとしていること」を「沈黙」と言います。いくつ「沈黙」のシーンがありますか。
> 　4つの「沈黙」がありますね，確認してみましょう。

沈黙1（群れ）「傷ついた群れは，無言の夜をむかえた」

沈黙2（クルル）「おしつぶされそうな雰囲気に，クルルはだまるしかなかった。」

沈黙3（群れ）「みな，かれに背を向け，口をきく者さえだれもいない」

沈黙4（カララ）「カララは何も言わなかった。ただじっととなりにいて，……」

> それぞれの「沈黙」は同じ意味ですか。（「いいえ」というつぶやきを拾って）どうやら「沈黙」の意味が違いそうですね。
> 4つの「沈黙」にある，それぞれの意味を考えてみましょう。

沈黙1（群れの沈黙の意味）
- 口に出すと，悲しみが噴き出てしまうから，何も言えないという状況
- しゃべってしまうと，傷口が痛んでしまう

沈黙2（クルルの沈黙の意味）
- クルルを責めている群れの無言の攻撃性
- クルルが，自分を責めることで生まれる沈黙
- 何を言っても仕方ないというクルルの諦め

沈黙3（群れの沈黙）
- 誰もクルルと口を聞こうとしない群れの無言の攻撃性
- クルルに責任転嫁しようとする非難，苛立ち　→　人格的未熟さ
- 生け贄という意味（集団維持の一形態）→　集団の幼稚性

沈黙4（カララの沈黙）
- 「ごめんね」とも言えず，その気持ちをただ傍にいることで伝えようとしている沈黙
- クルルとともに一緒に死ぬという覚悟，クルルと運命と共にするという意思

> ただじっととなりにいたカララの行動に対して，あなたは賛成します
> か。しませんか。

【賛成しない】

〈根拠〉「冬のモンゴルの草原は，零下五十度の寒さにおそわれる」と書いて
　　　ある。〈理由〉カララが何も言わなかったら，クルルもカララも寒く
　　　て死んでしまう。ちゃんと自分と一緒に飛んで行けるように，説得す
　　　ればいいのに。

〈理由〉もし私がカララだったら，まず謝って声を掛けるけど，カララは謝
　　　りもしなかったから賛成しません。

【賛成する】

〈理由〉無言じゃないとクルルの心は解けなかったと思う。無言でずっとと
　　　なりにいるからこそ，「おれが飛ばないとこいつも……」っていうム
　　　ードになったんだと思う。

〈根拠〉「クルルの心が少しずつ解けていく気がした。」と書いてある。〈理
　　　由〉クルルはカララに声を掛けられていたとしても，行く気がなかっ
　　　たから声を掛けても意味がなかったと思う。

　Ｔ：「行く気がなかった」ってどうして分かるんですか。

〈根拠〉「クルルは，もしカララが『さあ，いっしょに行こう！』と言ったら，
　　　たとえ飛べたとしても首を横にふるつもりだった」と書いてあるから
　　　です。

深い学びに導くポイント

　「だまってそばにいる」というカララの行為は，クルルとともに死ぬとい
うことを意味しています。大変危険な選択です。「自分なら，できない」こ
とをしているカララを想像することで，ただ，「無言でそばにいることが，
クルルに対するカララの思い」を雄弁に語っていることが伝わります。カラ
ラの「語らない」という状況が，「語れない心情」を饒舌に語り，クルルの
沈黙が，「語りたくない意思」を饒舌に語っているということです。

〈無言の饒舌性〉や〈沈黙の雄弁性〉を理解するうえで，この問い掛けは有益に機能します。子どもたちには，背伸びをさせて「饒舌」「雄弁」という用語を使わせたいところです。

カララの「クルルとともに死んでもいいよ」という態度が，結果として「カララとともに生きよう」というクルルの気持ちを導いたわけです，とても奥深い話ですね。

話が飛躍しますが，筆者はド素人でしたが，吹奏楽部の顧問として３年間吹奏楽コンクールのステージで指揮棒を振っていました。単純な８ビートであれば合わせるのはさほど難しくありませんが，例えばブルースなどのジャジーな曲のリズムはとても難しいものがありました。何が難しいといっても，〈休符〉の演奏が難しいのです。〈休符〉の演奏は，その演奏者の力量を雄弁に語ります。

同様に，絵画や書であれば，〈空白〉や〈余白〉をどう使うかというのは，やはり，その表現者の表現意図を雄弁に物語ることでしょう。演劇やドラマ，映画における〈沈黙〉もそうです。

「何もない状態」こそが，「多くを語っている」ということは，小学校６年生で教えるには早いかもしれません。そうだとしても，教える側はそれを扱ったほうが，味わいのある授業になると筆者は思っています。

内化　獲得する〈読み方〉

【沈黙や無言が語っていることを読む】

外化　〈読み方〉を活用させる

３年生で学習した「サーカスのライオン」のラストシーンを再度印刷して再読させてみましょう（76-77頁）。この時，ライオンつかいのおじさんは，何も声に出していません。無言で，じんざ追悼の公演を熱演しています。この無言は，どんな思いが込められているのか，語り合わせてみましょう。

深い学びに導くポイント

ライオンつかいのおじさんは無言ではあるけれども，まさに，そこにじんざがいるかのように真剣に演じたことでしょう。「チタッ」というむちの音

がその真剣さを物語っています（76頁）。ライオンつかいのおじさんが何も語らなくとも，その真剣な態度に，お客さんたちは拍手せずにはいられなかったのです。

さて，子どもたちには馴染みが薄いでしょうが，筆者より上の世代であれば，『男はつらいよ』シリーズの渥美清が「顔で笑って心で泣いて」いる表情や，高倉健の無言の演技が思い浮かぶはずです。例えば，映画『幸福の黄色いハンカチ』のラストシーンでは，倍賞千恵子の元に歩く健さんは一言も喋りません。余計な言葉はいらないのですね。映画『鉄道員』では，健さんが電車に手信号を送る姿が目頭を熱くさせます。……どの映画であっても，健さんの無言の表情は，言葉にならない心情を雄弁に語っています。

本作品で，カララが無言でクルルのそばにいる様子は，これらの映像と重なります。〈無言の饒舌性〉〈沈黙の雄弁性〉は，ひたむきさを愛する日本人が好む図像なのかもしれません。

蛇足ですが，子どもの感想を述べさせると，クラスメイトから無視された経験や気まずくなった出来事を誰かが語ることになるかもしれません。しかし，逆に子どもたちが，それを語らないということは，語れない空気が教室にあることを雄弁に語ることになります。先に，筆者が「空々しい授業になりかねない」と述べたのは，ここに由来します。本教材では子どもの感想を拾わず，すぐに「4つの沈黙の場面の比較」を切り出し，この作品の面白さを味わうことに焦点化したほうが無難な授業になりそうです。

まとめ　板書を視写させる

【板書】 読むコツ　沈黙や無言は雄弁である。沈黙や無言が語っていることを読みとろう。

リフレクション

【アナロジー】誰かの無言の表情に，心動かされた経験はありませんか。仲間と話し合ってみましょう。

海のいのち

立松和平（光村図書6年，東京書籍6年／令和2年度版）

1 本教材で中核とする目標

　様々な学習課題に対して仮説をたて，テクストの叙述を根拠にその仮説を検証していく活動を通して，様々な物語の法則を発見する。

2 本教材で中核とする資質・能力の評価規準

知識・技能	思考・判断・表現	主体的に学習に取り組む態度
少年が異界の地に出向き，異界の地から戻ってくる往きて帰りし物語には様々な法則があるということを理解している。	イ　登場人物の相互関係や心情などについて，描写を基に捉えている。 エ　人物像や物語の全体像を具体的に想像したり，表現の効果を考えたりしている。 オ　文章の内容と自分の体験とを結び付けて，感想をもっている。	往きて帰りし物語の法則が，様々なサブカルチャーに当てはまることを身近な作品で考えてみようとしている。

3 学習のポイント

　○オープンクエスチョンとして，仮説をたて，その仮説を証明するテクストの叙述を拾っていく楽しさを味わわせる。

4 授業計画（全10時間）

第1次　全体を音読する。

第2次　物語の全容を捉える。

第3次　様々な物語の〈仕掛け〉について仮説をたてる。

第4次　テクストから仮説を検証する叙述を探し，仮説を修正する。

第5次　仮説について仲間と意見を交流する。

第6次　最終的な考えを学習レポートとしてまとめる。

〈物語の法則〉の玉手箱

　「海のいのち」に関しては，様々な〈物語の法則〉が埋め込まれています。まず，それをここに一覧するところから始めましょう。

1　往きて帰りし物語（成長物語の典型＝ヒーローズ・ジャーニー）

【典型】少年は旅に出て旅から帰るその過程で成長します[21]。

【本作品】太一は，父の海に潜り，その海から帰還します。

【他の例】

　①アニメ映画『千と千尋の神隠し』（宮崎駿）

　②映画『ロード・オブ・ザ・リング』（P・ジャクソン）

　③『オズの魔法使い』（L・F・ボーム）

2　ヒーローズ・ジャーニーで主人公は，求めていたものと違うものを得て帰還するという法則

【典型】成長物語の主人公は，何か（財宝といった俗物的なものや永遠の命といった超常的なもの）を求めて旅に出るものの，それは手に入りません。しかし，その代償として，より人生にとってかけがえのないもの（勇敢な心や友情といった価値）を手に入れて元の世界に戻ります[22]。

【本作品】太一は，父を殺めたクエを求めて父の海に潜り，「海のいのち」を獲得して戻ります。

【他の例】

　○漫画『ONE　PIECE』（尾田栄一郎）の主人公ルフィは，「海賊王

になること」を求めて旅に出て，「かけがえのない仲間たち」を得ています[23]。

3　父親殺しの物語

【典型】少年が主人公の物語では，父親を殺すことで少年は成長するという法則（典拠はギリシャ神話『オイディプス王』の物語）。

【本作品】太一は，「おとう，ここにおられたのですか」と声を掛けたクエの話を生涯誰にも話しませんでした。「また会いに来ますから」と言ってはいますが，きっと太一は二度とクエに会ってはいないでしょう。「（太一が）生がい（この出来事を）だれにも話さなかった（傍点引用者）」ということは，父のことを永遠に封印したと解釈することも可能であり，その父の追放は，少年が無意識の世界で織りなす〈父親殺し〉の捩れた1つの形態であると言えるでしょう[24]。

【他の例】

①村上春樹の『海辺のカフカ』の主人公カフカ少年とジョニー・ウォーカーの関係は解りにくいですが父親殺しの典型に当てはめて解釈されています。

②アニメ映画『ゲド戦記』（宮崎吾朗）の主人公アレンは国王である父を殺します。

4　胎内回帰物語

【典型】少年は，旅の途中，母の胎内をくぐることで成長するという法則[25]。

【本作品】太一は，クエと対峙した時，「はだに水の感しょくがここちよ」く，「そう大な音楽を聞いているような気分」になっています。この肌の感触と音楽は，母の鼓動を聞き母の愛に心地よく抱かれている母の胎内を想起させます。この時，海は「生を殺める父の海」から「生をはぐくむ母なる海」に転換され，この理路を通過することで太一は「クエは海のいのち」だと認知したわけです。

【他の例】

　○ピノキオがクジラに飲み込まれたシーンは，胎内回帰を表していると言われています。

5　成長物語にはメンターがいるという法則

【典型】ヒーローズ・ジャーニーでは，必ず主人公を教え導く年老いたメンターがいます。

【本作品】与吉じいさは，メンターそのものです。

【他の例】

　○少年の成長を描いた映画は，ほぼすべてメンターがいるとみてよいでしょう。

　①映画『スター・ウォーズ』（J・ルーカス）のオビ＝ワン

　②映画『ロード・オブ・ザ・リング』（P・ジャクソン）のガンダルフ

　③映画『ライオン・キング』（R・アレーズ）のラフィキ

　④映画『天空の城ラピュタ』（宮崎駿）のドーラ

　　教科書教材でもたくさんのメンターが出てきます。

　⑤「モチモチの木」（斎藤隆介）のじさま

　⑥「プラタナスの木」（椎名誠）のおじいさん

　⑦「空中ブランコ乗りのキキ」（別役実）のおばあさん

　どの法則や典型を子どもたちに獲得させるかにより，学習課題や授業の展開は大幅に異なります。〈父親殺し〉と〈胎内回帰〉については小学生に教える必要はないでしょうし，教える場合は，「男の子は父親を越えようとして大人になるんだよね」といった言葉で伝えてよいでしょう。具体的なオイディプス王のギリシャ神話や〈胎内回帰物語〉の具体については大学生くらいで学ぶので十分なのかもしれません。ただ，教材解釈として知っていると作品の面白さはグンと広がります。

　以下の学習課題と展開は，順列で提示してはいません。並列で提示します

ので，子どもの実態に応じて，最も適した展開を選択してください。複数を組み合わせてもよいですし，1つに絞ってもよいでしょう。

5　第3〜5次の授業

●本時のねらい

　様々な作品の〈仕掛け〉に対する仮説を検証する活動を通して，「海のいのち」に埋め込まれている〈物語の法則〉を説明することができる。

コンフリクトを生む〈発問〉❶

　次に紹介するのは長崎伸仁氏（2016b：19）が提示した課題です。本課題は「メンターは誰ですか」ということを問う課題でありますが，同時に〈ヒーローズ・ジャーニー〉や〈胎内回帰物語〉を考える課題でもあります。

> 太一に一番影響を与えたのは，誰でしょう。
> A　父　　　B　与吉じいさ　　　C　母

【A　父である】

〈根拠〉「『ぼくは漁師になる。おとうといっしょに海に出るんだ。』」と太一は言っている。〈理由〉小さい頃から父の影響を受けて育っている。

〈根拠〉母が「『おまえが，おとうの死んだ瀬にもぐると，いつ言いだすかと思うと』」と言っている。〈理由〉母にそう言わせるほど，太一は父の後を追っているのが分かる。

〈根拠〉「太一は，父が死んだ辺りの瀬に船を進めた。」とある。〈理由〉事実，太一は父の姿をこんなふうに追い求めている。

〈根拠〉「とうとう父の海にやってきたのだ。」と太一は思っている。〈理由〉この「とうとう」という表現から，ずっと幼いころから父の海に潜ることに憧れていたことが分かる。〈解釈〉父の影響は絶大だ。

〈根拠〉「追い求めているうちに，不意に夢は実現するものだ。」とある。〈理由〉太一にとっての「夢」は，「海で父に会うことだった」のか，「父を殺したクエ」に会うことだったのか，「父を殺したクエを打つこと」

だったのかは分からないけれど，いずれにしても「父」に関係している。〈解釈〉太一は父の後をこんなにも追っている，父の影響が一番大きい。

【B　与吉じいさである】

〈根拠〉「太一は，無理やり与吉じいさのでしになったのだ。」とある。〈理由〉「でし」と書いてあるので，与吉じいさは，太一にとっては師だと言える。

〈根拠〉「太一は，なかなかつり糸をにぎらせてもらえなかった」とある。〈理由〉太一が，与吉じいさに厳しく指導されているのが分かる。

〈根拠〉「『千びきに一ぴきでいいんだ。……』」とある。〈理由〉こういった与吉じいさの教えに影響されて，太一はクエを打たなかったと言える。

〈根拠〉「自分では気づかないだろうが，おまえは村一番の漁師だよ。」と与吉じいさは太一に言っている。〈理由〉こんなふうに言ってくれる与吉じいさから「海のいのち」を教えてもらった。

〈根拠〉「与吉じいさは，毎日タイを二十ぴきとると，もう道具をかたづけた。」そして太一も，「二十ぴきのイサキを」とったところで漁をやめている。〈理由〉太一は与吉じいさの「一本づり漁」を受け継いでいる。

〈根拠〉太一は，父親のようなもぐり漁師ではなく，与吉じいさのような一本づりの漁師になった。〈理由〉一番影響を与えた人の漁を真似るはずだ。〈解釈〉一番影響を与えたのは，与吉じいさだ。

【C　母である】

〈根拠〉「『おまえが，おとうの死んだ瀬にもぐると，いつ言いだすかと思うと，わたしはおそろしくて夜もねむれないよ。』」と母が言っている。〈理由〉太一が，クエとの対面を「生がいだれにも話さなかった」のは，母を悲しませたくなかったからである。その太一の生き方が，「母は，おだやかで満ち足りた，美しいおばあさんに」させた。だから，母は太一に大きな影響を与えていると言える。

〈根拠〉太一が「父の海」にもぐった時，「耳には何も聞こえなかったが，太

一はそう大な音楽を聞いているような気分になった。」また,「太一は,永遠にここにいられるような気さえした。」〈理由〉これは,まさに,母の子宮に抱かれているような感覚だ。この母の胎内にいる時のような気分が,クエとの闘争心を和らげ,父のようにクエと戦うことを制止したのだ。

〈根拠〉「母は,おだやかで満ち足りた,美しいおばあさんになった。」とあります。〈理由〉なぜ,母は「おだやかで満ち足りた,美しいおばあさん」でいられたのかというと,太一が母に心配をかけるような生き方を選ばなかったからです。つまり,母の影響で,父のような潜り漁ではない漁師の道を選んだのだと考えられます。

深い学びに導くポイント❶

この問いはオープンクエスチョンであり,正解はありません。父としても与吉じいさとしても母としても,どれも〈納得解〉となります。

「一番影響を与えた」という問いですので,「太一を他でもない漁師に導いたのは父だ」と考えれば,最も一般的かつ正統な解釈は父となるでしょう。

次に,〈物語論〉として「メンターの役割を担っていたのは誰なのか」ということを尋ねられている問いと考えれば,「与吉じいさ」になりますし,与吉じいさは物語世界のメンターの性格をそのまま準えてます。

そして,少し奇を衒っているように思えるかもしれませんが,「太一」を海で死なせなかった「母」が一番影響の大きい存在だったと解釈することも可能です。下記で説明する〈胎内回帰〉が「父なる戦闘の海」から「母なる生命の海」に覚醒させたと考えると,「母」説もかなり説得力があります。

【与吉じいさの作品内での役割】

ここでは,〈物語論〉としての与吉じいさの作品内での役割を少し解説します。

与吉じいさの「自分では気づかないだろうが,おまえは村一番の漁師だよ。」というセリフに焦点を当ててみましょう。これは〈物語論〉に応じて敢えて与吉じいさにこのセリフを言わせた感がある典型的な一言です。

実は「モチモチの木」の「じさま」にも似たセリフがあったことはご存知でしょうか。「『おまえは，山の神様の祭りを見たんだ。……（引用者中略）……おまえは，一人で，夜道を医者様よびに行けるほど，勇気のある子どもだったんだからな。』」

　2つの台詞の共通点はご理解いただけたと思います。いずれも，「おまえは……だ」と肯定的な価値判断を本人を前にして宣言しているということです。このように言われたら，誰でも自分を信じられるような気持ちになりますよね。自己肯定感が高まります。

　このように，主人公が気付いてない美点を直球の二人称「お前は，……だ」と本人に告げて生きる力を覚醒させてあげるのは，まさにメンターの最も大きな役割です。

　ディズニー映画『ライオン・キング』を見てみましょう。主人公シンバに対してメンターであるラフィキが，次のように声を掛けます。「お前は，過去から逃げることも，そこから学ぶこともできる。今のお前は本当のお前ではない。生きるべき世界で，役目を果たせ。」

　このように〈成長物語〉の映画では，自分を見失いそうになっている主人公，誤った方向に向かいそうな主人公，自暴自棄になりかけている主人公に対して，ちょうどよいタイミングでメンターが「おまえは，……だ」と語り掛けるパターンが多いようです。

　話を「海のいのち」に戻します。メンターからこのように宣言された太一は，「村一番の漁師」であるように振る舞うことが義務付けられます。その時点で，村一番の漁師でなかったとしても，です。ここが，作品のチャームであり，人生の妙味です。プラシーボ効果であるとかピグマリオン効果をもち出すまでもなく，自分が尊敬している師から「おまえは，……だ」とポジティブ・ストロークを受けたら，無意識のうちにそれに相応しい自分であるよう行動してしまうものでしょう。これは一種の呪縛であるわけですが，それが肯定的に作用することの意味は，人生において途轍もなく大きいものでしょう。

余談になりますが，教師という職業である私たちは，自信を失っている子どもたちに，決して的外れでないポジティブ・ストロークをタイミングよく投げ掛けたいところです。とはいっても，まずは，教師が子どもたちから信頼されているということが前提となりますけれども。

コンフリクトを生む〈発問〉❷

　なぜ，太一は「父の海」に潜り，父を殺めたクエに出会ったことを「生がいだれにも話さなかった」のでしょう。（指示）考えられる理由をできるだけたくさんあげてみましょう。

C：出会ったにもかかわらず，闘わなかったことを話したら，意気地なしとバカにされるから。

C：「父の海にもぐり，父を殺めたクエに会うこと」は，太一の夢であったけれど，もともと人に話す類いの夢ではなかったから。

C：クエに会ったにもかかわらずクエを打たなかったことを人に上手く説明することができないから。

C：母が，「おまえが，おとうの死んだ瀬にもぐると，いつ言いだすかと思うと，わたしはおそろしくて夜もねむれないよ。」と言ったことを覚えていたから。

T：お母さんは，太一が「父の海」に潜ったことを知らなかったかな。

C：太一が言わなければ知らないと思う。

C：太一は，一本づりの漁師になったはずなのに，舟に，手入れしてある銛がおいてあったら，お母さんは気付いたんじゃないかな。

C：でも，クエでなくちょっとした魚なら銛で突いていたと思う。

C：いずれにしても，「母は，おだやかで満ち足りた，美しいおばあさんになった。」のだから，太一が母を心配させなかったのだと思う。お母さんを心配させないためにも，太一は黙っていたんじゃないかな。

深い学びに導くポイント❷

【母に仕掛けられた装置（その１）】

この〈空所〉については，母と太一の関係軸で説明できます。もし，太一が誰かに「おとうの海にもぐって瀬の主に会ったよ」ということを話したとしたらどうなるでしょう。その話は巡り巡って母親の耳にも届いたことでしょう。それは無駄に母を心配させることになります。だからこそ太一は，敢えてこの話を誰にも話さなかったと解釈できます。

　一見，本筋とは関係ないような「母は，おだやかで満ち足りた，美しいおばあさんになった。」という一文は本作品で異彩を放っています。この一文は，「父もその父も，その先ずっと顔も知らない父親たち」で始まる海における男の生き様を描いた話に，美しい彩りを添えています。「父も，その父も」出遭っていたかもしれない命を賭した物語は，母にも，そのまた母にも起きていたかもしれない哀しい物語でありました。海を巡って繰り返されたかもしれない哀話は「母は，おだやかで満ち足りた，美しいおばあさんになった。」の一言で終焉させることができたのです。作品全体に幸福感をもたらす一文です。この一文があるおかげで，「海のいのち」は，父子の関係を描いた物語で閉じずに，母と息子の物語となり，ひいては海を巡る家族の物語となるのです。

　この〈空所〉を太一と母親の横軸で読み解く時，「この作品は自分とは関係の薄い，父親と息子の世界を描いた作品なのだ」と突き放されていた女性の読み手に作品の門戸を開放してくれます。この謎解きは，読み手の性差に関係なく，すべての読み手を海の世界に誘ってくれる装置となっているわけです。

コンフリクトを生む〈発問〉❸

　なぜ，太一はクエを打たなかったのでしょう。（指示）考えられる根拠と理由をできるだけたくさんあげてみましょう。

Ｃ：「海のいのち」と思ったから。

Ｃ：おとうに見えたから。

Ｃ：でも，「こう思うことによって」とある。

T：この表現への着目は重要です。最初から，「海のいのち」だと思って打たなかったわけではないようです。また，最初からクエが父に見えたわけではないようです。ほかに考えられる根拠と理由はありませんか。たくさんの仮説をあげてみましょう。

C：太一は，もともとクエを打つ気がなかった。

C：父を殺したクエは「光る緑色の目」をしていた。今回出会ったクエは「青い目」をしている。違うクエかもしれないと思ったのではないか。

C：「瀬の主は全く動こうとはせずに太一を見ていた。おだやかな目だった。」とある。そんな「おだやかな目」をした相手を打てるわけがない。

C：「太一は鼻づらに向かってもりをつき出すのだが，クエは動こうとはしない。」そんな相手だったら，闘う気力も失せる。

C：同じ〈根拠〉。まったく動じない堂々とした態度に，勝てる気がしなくなったのではないか。

C：「魚がえらを動かすたび，水が動くのが分かった」とある。途轍もなく強い相手だというのが伝わってくる。そんな相手に闘いを挑もうとすること自体が無謀だ。

C：父が闘ったクエは，「何人がかりで引こうと全く動かな」かった。そんなクエに，そもそも「瀬にもぐり続けて，ほぼ一年」しか経ってない太一が勝てるわけがない。

C：打たなかったんじゃなくて，打つように身体が反応しなかったんじゃないか。その状況に合致する言葉を探しているうちに，「『おとう，ここにおられたのですか。』」という言葉がこぼれ落ちたんだと思う。そして，後々，「海のいのち」だと思えたんだと思う。

深い学びに導くポイント❸

「父だと思ったから打たなかった」という因果を認める解答や「瀬の主が海のいのちだと思えたから打たなかった」という抽象的かつ曖昧な解答は，身体が反応しない事由を事後的に意味付けたものです。必ずしも瀬の主と出

114

会った時に，探し求めていた魚を仕留めようとする心情を抑止した瞬時の理由ではありません。この差異は子どもたちに，丁寧に認識させたほうがよいと筆者は思っています。

　というのは，「海のいのち」という表現の抽象度が高すぎて，「海のいのちだと思えたから打たなかった」という解釈を，実感を伴って理解することができないからです。子どもたちが，「海のいのちだと思えたから打たなかった」と解釈したのは，言語操作をして本文中から容易に見付けることのできる表現を拾っているだけです。

　この作品が用意した最大の〈空所〉は，次の理路をもって説明することができます。

　「こう思うことによって，（瀬の主を父と思うことによって）太一は瀬の主を殺さないですんだ」とあります。「こう思うことによって」という表現は，瀬の主を父と思った結果として打たなかったという因果関係にはなく，手が出なかった自分の行為に対して遡及的に理由付けたことを表明しています。「おだやかな目」をしている瀬の主の堂々とした姿と，「村一番のもぐり漁師」でありながら「二メートルもある大物をしとめても」自慢しなかった父の謙虚な姿とが，悠然とした符号で重なったのではないでしょうか。加えて，しばらく瀬の主と対峙している間に，岩と溶け合っている（自然と溶け合っている）瀬の主と，海に帰っていった（自然に帰っていった）父とが一致したのではないでしょうか。それらの符号が一致したことに太一は無自覚なまま，「おとう，ここにおられたのですか」という言葉をこぼしたのでしょう。

　この理路を辿ることで，瀬の主に対する太一の心情を，私たち読み手はようやく理解することができます。この理路を通過することで，「瀬の主」＝「父」＝「自然」＝「海のいのち」というしるしが事後的に生成されるのです。

　これは，いわば自然に対する畏敬の念であり，敬慕の念です。己の力ではとても敵わない崇高な存在に出会った時，人はおののき，震え，立ち止まり，己の未熟さに頭を垂れて敬虔な気持ちになります。畏敬の念や敬慕の念とい

うのは，自分の力が及ばない存在に出会うことで湧き上がる情です。「海の
いのち」という表現は，単純に「千びきに一ぴきでいいんだ」という食物連
鎖としての「いのち」の大切さや，食糧としての「海のめぐみ」の有り難さ
のことだけを表現しているわけではありません。自然に対する普遍的な畏敬
の念を含んだ言葉が，「海のいのち」なのです。

　「海のいのちだと思ったから，瀬の主を打たなかった」と本文の言葉を単
純に拾うことで「作品を理解した」と子どもに思わせるのではなく，この理
路を辿らせたいと筆者は思います。

コンフリクトを生む〈発問〉❹

> 　（再度）なぜ，太一はクエを打たなかったのでしょう。（指示）考えら
> れる根拠と理由をできるだけたくさんあげてみましょう。

　再度，この〈空所〉についての別のカテゴリィに属する推論をあげてみま
す。次のような解釈群も想定されます。

　C：「父の海」に潜って，「太一はそう大な音楽を聞いているような気分」
　　　になっている。そんな時は，もともと戦闘意欲は湧いてこない。

　C：「興奮していながら，太一は冷静だった。」とある。太一は，「クエ」
　　　を打とうという気持ちではなく，この「父の海」にあって，はじめか
　　　ら冷めていたのではないか。

　C：「この魚をとらなければ，本当の一人前の漁師にはなれない」と思う
　　　自分と，「永遠にここにいられるような気さえした」自分の間で，揺
　　　れ動いていて，「クエを打って一人前の漁師になる自分」よりも，「永
　　　遠にそこにいる」自分のほうが勝ったんだと思う。

　C：海に浮かんでいると，私は，とても解放的な気持ちのよさを感じる。
　　　海に潜ると，なんかその海の一部になったような，海と溶け合ったよ
　　　うなへんな気持ちになる。そんな気持ちになった時は，漁をする気分
　　　ではないような気がする。

　海に同化していた太一は,「しかし, 息が苦しくな」ることで,「漁師」として の人間に引き戻されます。「漁師」としての太一は,「この魚をとらなけ れば, 本当の一人前の漁師にはなれないのだ」と,「泣きそうになりながら」 自分を追い詰めます。クエと対峙して漂っている太一は,「海のいのち」と なった自分と,「漁師」としての自分の2つの存在を往来し, 逡巡していま した。そして最後に,「漁師」としての太一が瀬の主を打つことのできない 「生命の連鎖の中に生きる人間」としての自分を発見することで, 事後的に 「海のいのち」という鍵語に着地していったとも解釈できます。

【母に仕掛けられた装置（その2）＝胎内回帰物語】

　太一が父の海に潜った時, 語り手は太一の五感を通して, その海中を次の ように語らせます。太一は,「はだに水の感しょくがここちよ」く,「そう大 な音楽を聞いているような気分にな」りました。この肌の感触と音楽は, 母 の鼓動を聞き母の愛に心地よく抱かれている母の胎内を想起させます。「太 一は, 永遠にここにいられるような気さえした。」という叙述は, 母の胎内 の羊水に抱かれ永遠にそこにとどまっていたい居心地のよさを表現している ようです。つまり, 太一はこの時,「父の海」に潜りながらも, 母なる海に 抱かれ母の胎内にいるような錯覚に陥っていると言えます。一種倒錯した感 覚に襲われたのです。

　太一は, 最初から銛を握り締めて海に潜っていました。父の仇討ちを考え ていたかは不明ですが, 少なくとも海で獲物を捕ることを想定して潜水して います。太一は, 格闘の場としての海に飛びこんだのです。しかし, 太一が 肌で受け取った感覚は, 格闘とはほど遠い母なる海に抱かれたような心地よ さでした。母の子宮は生を授かる場所です。太一がこの時感じた心地よさを 「生の覚醒」と表現することが許容されるならば, その生の覚醒が, クエと の格闘を抑止したということもできます。つまり,「母なる海に抱かれた」 ことで, 生に覚醒し, 海をめぐるいのちのありがたさに際会したということ です。

筆者は，先の「深い学びに導くポイント」で，この場面を「太一は『漁師としての自分』と，『すでに海のいのちとなった自分』の間で逡巡している」と捉えました。「『海のいのちとなった太一』が『この魚をとらなければ，本当の一人前の漁師にはなれないのだ』と『泣きそうになりながら』自分を追い詰めながらクエとの闘いを制止した自分を発見することで，事後的に『海のいのち』という鍵語に着地した」と。この「漁師としての自分」と「すでに海のいのちとなった自分」は，まさに，「父に導かれる自分」と「母に抱かれる自分」の逡巡する姿と重複します。

　「父の海」に潜った時太一は，図らずも母の胎内で生を授かった時のような心地よさを感じ取り，クエとの格闘を制止したのです。これは，「母の胎内に回帰する」ことで，「海で生き抜く新たな生命を授かった」ということです。この時，太一の深層心理の中で「死を賭けて挑む父なる海」は「生を授かる母なる海」へ転換されたのです。「父の死をめぐる物語」から，「海の生をめぐる物語」へと転換されたと言えるでしょう。

コンフリクトを生む〈発問〉⑤

　クエに戦いを挑めなかった太一は，「本当の一人前の漁師」と言えるのでしょうか。
　クエと戦わない太一は，父を越えていないのではないでしょうか。

C：戦わなかったことこそが，「本当の一人前の漁師」になった証拠だと思う。

C：無駄な殺生はしないということを太一は与吉じいさから学んだ。意味もなくクエと戦おうとしなかったことで，逆に父を越える漁師になったと言えるんだと思う。

C：そもそも，クエを仕留めようとしていた父は，「『海のめぐみだからなあ。』」と言っていたけれど，本当に「海のめぐみ」とか「海のいのち」ということを知っていたのだろうか。知らなかったから，クエを打とうとしたんじゃないだろうか。

【父に仕掛けられた装置＝父親殺し物語】

　ここではギリシャ神話のオイディプス王の話を発端として，シェイクスピアの作品などに見られる〈父親殺し〉の物語として，本作品を捉えてみましょう。授業で実際に扱う場合，〈父親殺し〉という概念には，少し教育的配慮が必要かもしれませんけれども。

　以下，教材研究として教師側は知っていたほうがよいと思いますので，本作品の〈父親殺し〉について解説します。

　父は，「岩かげにひそむクエをついてき」ました。つまり，獲物をわざわざ探し出し，それを捕獲していたもぐり漁師でした。それは眼前の海のめぐみを有り難く頂戴するという漁の仕方ではありません。もし，太一が「岩かげにひそむクエ」を見たらどうしていたでしょう。父のように捕獲する対象としてクエを見たでしょうか。与吉じいさに漁を習った太一の目には，「岩かげにひそむクエ（傍点引用者）」も，「岩そのもの」としか映らなかったに違いありません。まさに，視覚情報として太一の目には，「岩」としか映らないわけですから，クエに挑もうとする意欲が沸き上がるはずはなかったと言えます。そもそも「魚そのものが岩のようだった」という表現ではなく，「岩そのものが魚のようだった（傍点引用者）」という表現自体が倒錯した身体反応と心理状況を雄弁に語っています。漁師としての父と太一の相違は，「岩かげにひそむクエをついてきた」という描写と，「岩そのものが魚のようだった」という描写の対比に象徴されています。「瀬の主を海のいのち」と捉えた太一と自然との関係は，明らかに与吉じいさの漁の系譜に位置します。父と与吉じいさの漁の相違は，そのまま海に対する哲学の相違でした。

　子どものころから「おとうといっしょに海に出るんだ」と言っていた太一にとって父は，慕い尊敬する存在でした。「とうとう父の海にやってきたのだ。」の「とうとう」には，その夢に近接する喜びが滲んでいます。「おとう，ここにおられたのですか」という一言には，「おとうといっしょに海に出る」という願いが，太一をして瀬の主をそのように呼ばしめたとも解釈できます。

それほどまで，父を追って海に潜る「息子と父の絆」は強固です。

　しかし，この父に対して，西洋神話や西洋古典作品に見られる〈父親殺し〉という視点を持ち込むと，別の解釈が前景化します。石原千秋は，本作品を「自らの死によって『自然は偉大だ』と教える父を乗り超えることで『成長』する，父親殺しの物語である（2005：102）。」と述べ，「クエを殺さなかった時，息子は父を象徴的に殺していたのである（同：104）。」と説明しています。筆者も同様に〈父親殺し〉の物語として本作品を解釈しています。

　「おとう，ここにおられたのですか」と呼び掛ける太一は，「父の海」で父と再会した喜びを獲得したと同時に，今後も「父の海」で父と会えるかもしれないという楽しみをも獲得しています。これは表層をなぞると，神話に見られる〈父親殺し〉と正反対の「父との再会」であり，「父との融合」を意味しています。

　しかし，「おとう，ここにおられたのですか」と言った瞬間，父とは違ったタイプの「村一番の漁師」が誕生したという解釈も成り立ちます。瀬の主に打ち勝つことで父を越えるはずだった太一が瀬の主と戦わなかったことで父を越えたという構図が創出されるからです。「（太一が）生がい（この出来事を）だれにも話さなかった（傍点引用者）」ということは，父のことを永遠に封印したと解釈することも可能であり，その父の追放は，少年が無意識の世界で織りなす〈父親殺し〉の捻れた1つの形態であるという見立てもできるでしょう。

　この作品も多くの少年作品がそうであるように成長物語の1つとして読まれています。しかしながら，「太一の成長を描いた作品である」と抽象的に説明されても，その成長の内実を理解することはかないません。古来，成長物語の基本型は父母からの自立でした。先に述べた「父との再会」という解釈では，太一の成長の確からしさは主題化しません。成長物語として作品を読むのであれば，〈父親殺し〉までは言及せずとも，「瀬の主と戦わなかったことで父を越えたという作品の構図」についても授業で確認しておく必要が

あるでしょう。

　本作品の〈仕掛け〉の１つである「クエに戦いを挑めなかった太一は，『本当の一人前の漁師』と言えるのか。クエと戦わない太一は，永遠に父を越えられないのではないか。」といった疑問は，〈父親殺し〉というモチーフを演繹的に用い，その証拠を叙述に求めていくことで「少年の成長物語」と整序されるのです。

内化　獲得する〈読み方〉

【物語の法則】

　　１　往きて帰りし物語（成長物語の典型＝ヒーローズ・ジャーニー）

　　２　主人公は，求めていたものと違うものを得て帰還するという法則

　　３　父親殺しの物語

　　４　胎内回帰物語

　　５　成長物語にはメンターがいるという法則

外化　〈読み方〉を活用させる

　手元にある漫画やアニメなどをこの方略で読んでもらいましょう。これらの法則に当てはまるものを探させてみましょう。

リフレクション

【学習ノート】この作品に仕掛けられた様々な謎に対して，仮説をあげ，テクストの叙述を拾いながら説明しましょう。その際に，新たに獲得した〈物語の法則〉を活用してみましょう。

第 3 章

実践編

中学校教材での
アクティブ・
リーディング
の授業

朝のリレー

谷川俊太郎（光村図書1年，三省堂1年／令和3年度版）

1 本教材で中核とする目標

「朝を迎える」ことをリレーというスポーツ競技に見立てていることを分析する活動を通して，ダイナミックな詩の世界を読み味わう。

2 本教材で中核とする資質・能力の評価規準

知識・技能	思考・判断・表現	主体的に学習に取り組む態度
詩の〈見立て〉〈隠喩（メタファー）〉という表現技法の効果について理解している。	エ　文章の構成や展開，表現の効果について，根拠を明確にして考えている。	〈見立て〉〈隠喩（メタファー）〉が活きている他の作品を読み味わおうとしている。

3 学習のポイント

○一連の描写を具体的に，かつ豊かに映像化させる。

○「僕らは朝をリレーするのだ」のリレーの内実（目的・選手・コース・バトンなど）を具体的に捉えさせる。

4 授業計画　1単元1時間の授業とする。（全2時間）

5 第1時の授業

●本時のねらい　（「1　本教材で中核とする目標」と同じ）

コンフリクトを生む〈発問〉

一連については，次のような発問を投げ掛け，叙述から想像を広げさせて

あげるとよいでしょう。

T：「カムチャッカの若者」が見ている夢に出てくるのはきりんだけです
　か。きりん以外の動物は出てきませんか？

S：「きりんの夢を見ているとき」とあるから，「きりん」だけだと思う。

S：「ライオン」とか「しまうま」とかも出てきていると思う。

S：私は動物園の「きりん」だと思っていたけど，そうじゃなくて，サバ
　ンナの夢を見ているってことかも。

S：カムチャッカは寒いところだから，寒い国の若者が，暖かい国に憧れ
　ているってことかな。

T：「朝もやの中でバスを待っている」少女は，何をするためにどこへ行
　こうとしているのでしょう。

S：学校に行こうとしている。

S：市場に買い物に行こうとしているんじゃないかな。

S：彼氏とデートするんじゃないかな。

T：朝もやというのは，気温差が激しい時にできる気象現象ですね。よい
　天気になる朝に，もやがかかることが多いものです。少女には何かよ
　いことが待っていそうですね。

T：「ニューヨークの少女が／ほほえみながら寝がえりを」うっていると
　いうのだけれど，どんな夢を見ているのでしょう？

S：楽しい夢を見ているから。彼氏とデートしてる夢とか。

S：「娘」じゃなくて「少女」だから，友だちからプレゼントをもらった
　とか，そういう夢だと思う。

S：ニューヨークって，ブロードウェイがあるとこだよね，ミュージカル
　みたいな夢を見ているんじゃないかな。

T：「柱頭を染める朝陽にウインクする」って，どういうことでしょう？

S：ローマって，遺跡が多いところだから，その遺跡の柱に朝日が当たっ
　ているんだと思う。

S：イタリア人って，なんか，女の人に向かってウィンクとかしそう。

Ｓ：そうじゃなくて，朝日がまぶしくて，目を細めているのをウィンクっ
　　て言ったんじゃないかな。

Ｓ：「少年」だからね。でも，どっちもありでいいかもしれない。

説明：この作品は「地球上のどこかで朝がはじまっていること」を「リ
レー」に喩えているのですね。では，次の喩えが何を表しているか，考
えてみましょう。
　①「朝のリレー」のコースは？　　②「朝のリレー」の選手は？
　③「朝のリレー」のバトンは？　　④「朝のリレー」の目的は？

【①　コース】

Ｓ：地球（地球の経度上）。

Ｓ：宇宙（銀河系・太陽系）。

【②　選手】

Ｓ：地球上のすべての人。

Ｓ：人間だけじゃなくて，地球上のすべての生き物。

Ｓ：地球上の人がみんな同じチームの一員だってこと。

Ｔ：とすると，○○○○（有名人）も，□□さん（クラスの人気者）のお
　　母さんも，△△さんの弟も，みな同じチームなんだね，同じチームの
　　仲間としてリレーしているんだね。とってもダイナミックなリレーだ
　　ね。

【③　バトン】

Ｓ：目覚まし時計（目覚まし時計のベル）。

Ｓ：朝（朝陽）。

【④　目的】

Ｓ：地球を守っている。

Ｓ：どの国の人も争いなんてしないで，平和な世界であるように。

Ｓ：すこやかでしあわせな朝を迎えようとしている。

Ｓ：みんなが元気で，笑顔で新しい一日を過ごせるようにしている。

T：とっても素敵なリレーだと思いませんか？

　　この地球上で言えば，誰も彼もみな同じチームの選手として，同じ目的のもと，一緒にリレーを楽しんでいるのですね。

　　では，その，スケールの大きいリレーをイメージしながら，各自で音読してみましょう。

深い学びに導くポイント

　地球は傾いていますから，一日中太陽が出ている白夜の地域もあれば，一日中太陽が出ない極夜の地域もあります。が，その北極圏と南極圏を除くと，地球上すべての土地にいつも必ず朝が訪れています。その様子を「朝のリレー」という〈隠喩（メタファー）〉で語っている大変に清々しい詩です。

　一連の対句的な描写は具体的にその様子をイメージさせるとよいでしょう。二連は，その朝を迎える様子をメタファーで説明しています。メタファーで語られているのですから，そのメタファーを1つずつ紐解いていくとよいと思います。クイズを解くように尋ねましょう。筆者が中学校教員をしていた時には，何回か保護者参観でこの詩を取り上げました。上記の，「□□さんのお母さんも，リレーの選手なんですね」というところは，実際に親が参観に来られている子どもの名前を入れるとよいでしょう。何人かの固有名詞を入れてあげると，教室中に笑いと一体感が生まれます。

内化　獲得する〈読み方〉

【たとえているものと，たとえられているものを読み解く】

外化　〈読み方〉を活用させる

　「土」（作：三好達治）「シマウマ」（作：まど・みちお）など，「見立て」が見事にはまっている短詩を紹介し，合わせて暗唱させましょう。

リフレクション

　【音読】宇宙飛行士の視点で地球を眺めてから，朝を迎えている国の若者や娘にズームインして，本詩を音読する。

トロッコ

芥川龍之介（三省堂1年／令和3年度版）

1 本教材で中核とする目標

登場人物の心情や思考の変化を考え，その言動や情景描写を響き合わせる活動を通して，作品を貫いている秩序から受けたメッセージを自分なりに説明することができる。

2 本教材で中核とする資質・能力の評価規準

知識・技能	思考・判断・表現	主体的に学習に取り組む態度
情景描写には視点人物の心情が重なっていることを理解し，その理解に沿って作品を読んでいる。	イ　場面の展開や登場人物の相互関係，心情の変化などについて，描写を基に捉えている。	身の回りのサブカルチャーで，情景描写に登場人物の心情が重ねられていることを見付けようとしている。

3 学習のポイント

○主人公がこだわっていることや主人公が新たに獲得したことについて，テクストの叙述を丁寧に読みながら，思いを巡らす。

4 授業計画（全5時間）

第1・2次　全体を音読し，場面分けをする。

第3次　主人公の心情の変化を読み取る。

第4次　クライマックスを考える。

第5次　作品を一貫している秩序から受けたメッセージをまとめる。

5 第4・5次の授業

●本時のねらい

　主人公の言動や情景描写を響き合わせる活動を通して，作品を一貫している秩序を読み取り，その秩序から受けるメッセージをまとめることができる。

コンフリクトを生む〈発問〉

> 「良平」の心情が最も大きく変化したのはどこでしょう。
>
> 　　A 「高い崖の向こうに，広々と薄ら寒い海が開けた」ところ
> 　　B 「われはもう帰んな」と土工に言われたところ
> 　　C 「竹やぶのそば」を駆け抜けたところ
> 　　D 「うちの門口へ駆け込んだ」ところ
>
> （補助発問）そこが，「良平」の考えや心情の変化の一番多い場面だと考えると，どんなメッセージが見えてきますか[26]。

【A 「高い崖の向こうに，広々と薄ら寒い海が開けた」ところ】

〈根拠〉「いつまでも押していていい？」と聞いた良平が，「もう帰ってくれればいい」と念じている。〈理由〉「いつまでも続けたい」という気持ちから「もう帰りたい」という正反対の気持ちに変わった。

〈根拠〉「広々と薄ら寒い海」とある。〈理由〉「薄ら寒い」のは，海だけでなく，良平の心細さを表している。「あまりに遠く来すぎた」ことがはっきり分かったこの描写が，気持ちの変化の大きさを表している。

〈根拠〉「高い崖」とある。〈理由〉これは，これまでの気持ちのピークを表している。ここから心細さや不安といった気持ちに転換する。心細さや不安は，土工に「われはもう帰んな」と言われる前のここからすでに始まっている。

〈メッセージ〉

　・遊んだら，ほどよいところで，ちゃんと帰る。それが大事。

　・「やばい」と思った時，どうしたらよいのだろう。土工に言われるのを待つのではなく，自分から言い出さないといけなかった。周りに流され

ないようにしよう。

・題名は，「土工」じゃなくて「トロッコ」だ。だから，やっぱり良平が
こだわっていたのは「トロッコ」なのだ。自分が正しいと思ったり，こ
れでよいと思ったりしていることが，いつの日か，そうでなかったと知
ったら，やはり衝撃を受けるだろう。大人になった良平が感じているの
は，自分のしていることの「不確かさ」なんじゃないだろうか。よかれ
と思って何かに熱中しても，いつの日か「薄暗いやぶや坂のある道」に
急変するかもしれない，そういった漠然とした不安を描いているんじゃ
ないだろうか。

【B 「われはもう帰んな」と土工に言われたところ】

〈根拠〉「良平は一瞬間あっけにとられた」とある。〈理由〉「あっけにとら
れ」ることはあまりない。これはショックの度合いが大きい。

〈根拠〉「良平はほとんど泣きそうになった」とある。〈理由〉泣きたいくら
いに気持ちが動揺している。

〈根拠〉ここまでは，土工を「何だか親しみやすい」人だとか，「優しい人た
ちだ」と思っていた。〈理由〉2人の発言は，これまで良平が2人を
思っていた気持ちをまったく裏切るものだ。2人に裏切られて，さぞ
かし，ショックだったにちがいない。

〈メッセージ〉

・大人を信じちゃいけない。

・優しそうな人に注意しよう。土工は，自分たちに都合がいいように，良
平を使っただけだった。優しそうな人には注意しよう。

・思い込みっておそろしい。良平は，3人で帰るものと思っていた。これ
は良平が勝手にそう思っていただけのことだ。思い込みをできるだけし
ないようにしたい。

・この土工とのやり取りは，きっと良平のトラウマになったことだろう。
大人になってからも，いつ裏切られるか分からない，そういう不安を描
いているんだと思う。

【C 「竹やぶのそば」を駆け抜けたところ】

〈根拠〉「命さえ助かれば」とある。〈理由〉ここまでは，「死」までは感じて
　　　いない。ここではじめて生死を意識しはじめている。

〈根拠〉「塵労に疲れた彼の前には今でもやはりそのときのように，薄暗いや
　　　ぶや坂のある道が，細々と一筋断続している。」とある。〈理由〉彼の
　　　前に今でもあるのは，「薄ら寒い海」でも，茶店での「土工」の姿で
　　　もない。「やぶ」や「坂のある道」だ。この走っている時の心細さが
　　　一番トラウマになっている。

〈根拠〉「そのときのように」とある。〈理由〉この「そのとき」は，「やぶを
　　　走っている」不安や心細さだ。ここを走っている時の気持ちが二六歳
　　　になった後も一番印象に残っていると言える。

〈メッセージ〉
　　・「薄暗いやぶや坂のある道」は，「先が見えないと不安」や「どうなるか
　　　分からない不安」を象徴している。
　　・「ひとりぼっち」というのが，一番不安なんだと思う。良平は大人にな
　　　っても，どこかひとりぼっちの気持ちを抱えていたんだと思う。
　　・家族とか仲間を大切にしたい。

【D 「うちの門口へ駆け込んだ」ところ】

〈根拠〉「とうとう大声に，わっと泣きださずにはいられなかった」とある。
　　　〈理由〉ずっと堪えていた涙と気持ちが一気に吹き出したから。

〈根拠〉「何と言われても泣き立てるよりほかにしかたがなかった」とある。
　　　〈理由〉私は，そんなふうに泣いたことは一度もない。きっと，もの
　　　すごい気持ちだったのだと思う。

〈根拠〉「今までの心細さを振り返ると，いくら大声に泣き続けても，足りな
　　　い気持ちに迫られながら」とある。〈理由〉「命さえ助かれば」と思っ
　　　ていて，助かった安堵と，それまでの不安な気持ちが，この描写に凝
　　　縮されている。

〈メッセージ〉

　　・良平は助かってよかった。やっぱり，命が一番大事だ。

　　・得体の知れない不安を超えた安堵は，涙になる。

深い学びに導くポイント

　「作品の山場はどこですか」「作品のクライマックスはどこですか」という学習課題の授業を目にします。しかし，「山場やクライマックスがどこにあるか」だけを話し合って何か意味があるのでしょうか。「山場やクライマックス」がどこであっても，どうでもよいことです。これは，学習課題のための学習課題であり，討論が盛り上がればよいというだけの授業です。

　山場を考えるのは，登場人物の変容を読み取るためであり，それを考えることで何らかの作品の意味を発見するためです。「作品の意味の生成」というと難しいので，子どもたちには，「どのようなメッセージを受け止めましたか」と尋ねるとよいと考えます。

　どのようなメッセージを受け取るかは，子どもたちの受け取り方がすべてですので，収束せず，個々に〈納得解〉を見付けさせたいものです。

　本作品で押さえておきたいのは，「トロッコ」の象徴性と，「薄暗いやぶや坂のある道」の「不安」の正体についての考察です。しかしながら，「得体の知れない不安」の実感は，まさに大人になってから経験するものでしょう。二十六歳になった場面が中学生に必要かどうかは，議論の遡上にあがります。教育的配慮という名の基に，最後の場面を削除するという編集も理解できます。「不安」という作品のテーマは，あまりに重いですので。

　私は，次のように，明るくさらっと子どもに話して授業を閉じるとよいと思っています。

　「一言で『不安』『心細さ』と言っても，様々な種類の『不安』や『心細さ』がありますよね。現代は，**『不安の時代』**だと言われます。ここ数年，エイズ，SARS，MARS，コロナ・ウィルスといった感染症に人類は脅かされています。得体が知れない，よく分からないものとの闘いは，先行きが分からないから『不安』になります。得体がはっきりしないから，先が見えな

いから『不安』なのですね。できれば，そういった種類の心情とは無縁に生きていきたいものですね。」

内化　獲得する〈読み方〉

　○主人公の心情や考えが一番大きく変化したところをクライマックスと定義する。

　○そのクライマックスまでに主人公がこだわっていたこと，求めていたことを確認する。同時に，クライマックスで失ったこと，新たに獲得したことを確認する。それをメッセージとして受け止める。

外化　〈読み方〉を活用させる

　【指示】応用範囲の広い〈読み方〉ですので様々な作品で試してください。

リフレクション

　【指示】受け止めたメッセージをまとめましょう。

●補足

　「海のいのち」で説明しましたが，ここでも繰り返します。

　少年や少女が旅に出て旅から帰還するといった〈往きて帰りし物語〉は，〈英雄の旅（ヒーローズ・ジャーニー）〉と呼ばれ，その旅を通じて成長する話は〈成長物語（ビルドゥングス・ロマン）〉と呼ばれました。このヒーローズ・ジャーニーでは，主人公は，「何かを求めて旅に出て，それとは違った何かを報酬として得て戻ってくる」という物語典型がありました。

　「報酬」として肯定的に考えると，トロッコで獲得されるのは，「人生は不安定だから，それに備えて生きていくことが大切だ」といった教訓を見出すこともできます。しかし，これですとあまりに道徳的です。「人生の不確かさや未来の不透明さから来る得体の知れない不安を，人は抱えながら生きている」といった１つの人生観を獲得したというところで留めておいたほうが文学的な読みと言えるかもしれません。

アイスプラネット

椎名誠（光村図書2年／令和3年度版）

1　本教材で中核とする目標

　登場人物の心情を想像し，自分に重ねて考える活動を通して，大人になるということについて自分の考えを広げたり深めたりすることができる。

2　本教材で中核とする資質・能力の評価規準

知識・技能	思考・判断・表現	主体的に学習に取り組む態度
テクストの叙述にはない登場人物の心情の奥底を覗くと見えるものがあることに気付いている。	オ　文章を読んで理解したことや考えたことを知識や経験と結び付け，自分の考えを広げたり深めたりしている。	「大人になっても失いたくないこと，大事にしていきたいこと」を文章化してみようとしている。

3　学習のポイント

○表層的な理由ではなく，「なぜ主人公が苛立っているのか」その本当の意味について，哲学的に考察する。

○似たことを考えたことがないか，自分の経験と結び付けて考える。

4　授業計画（全4時間）

第1次　全体を音読する。

第2次　登場人物がなぜ苛立っているのかについて考える。

第3次　少し前の登場人物と，今の登場人物で何が変わったのか考える。

第4次　登場人物と自分自身を重ねて，「大人になること」について考える。

5　第2・3次の授業

●本時のねらい

　「これは哀しい話だ」という1つの〈読み〉に付き合ってその理由を解き明かす活動を通して，作品の様々な叙述を整序して「大人になるということ」について説明することができる。

コンフリクトを生む〈発問〉

　生徒の感想を拾うと様々な問いがあがるでしょう。

　Ｓ：ぐうちゃんは，ぐうたらしているのかな。

　Ｓ：ぐうちゃんの話はホラなのかな。

　Ｓ：主人公（語り手・「僕」）は，ぐうちゃんにひどいこと言っているけど，嫌いになったのかな。嫌いになったわけではないのかな。

　このコンフリクトに対しては，「嫌いになったかは分からないけど，嫌だな，って思うところはあるんだと思う」という意見があがるでしょう。

> 「僕」は，ぐうちゃんのどんなところが嫌なのでしょう。
> （指示）できるだけたくさんあげてみましょう。

　Ｓ：「今日は話のテーマがちょっと幼稚すぎる。」

　Ｓ：「『ブップー。』外れの合図らしいけど，まるっきり子供扱いだ。」

　Ｓ：「さすがに頭にきた。僕を小学生ぐらいと勘違いしているんだ。」

　Ｓ：「ぐうちゃんは，やっぱり今どきの中学生をなめているのだ。」

　Ｔ：たくさん見付かりましたね。つまり，「僕」はもう中学生なのに，小学生みたいに扱われていることが嫌なのですね。

> 　ただ，「僕」がイライラしているのは，ぐうちゃんが「僕」を子ども扱いしていることだけではなさそうなんだけれど，分かりますか。
> 　「僕」は何に腹を立てているのでしょう。

深い学びに導くポイント

　国語の学習会で現場の先生方と本教材の解釈を交流していた時のことです。

1人の学生が次のように発言しました。

「この作品，哀しくないですか」

私は，この一言に思わず鳥肌が立ってしまいました。ゾクゾクと身体が反応したのですね，「そのとおりだ」と。「この作品は，哀しい」と。

読者の皆さんは，この作品を哀しいとは思いませんか。ひとまず，この学生の〈読み〉に付き合って，「哀しい」と感じるのはなぜか，その理由を考えてみてください。生徒からは次のような解答があがることを期待したいところです。

S：ぐうちゃんが「僕」を子ども扱いしていることに腹が立っている。

S：「僕」がイライラしていることに気付かない，ぐうちゃんの鈍感さに腹が立っている。

S：いや，それ以上に，ぐうちゃんの話をもう簡単に信じることができなくなった自分に腹を立てているんじゃないかな。

S：ぐうちゃんの話を「ありえない」と判断している，余計な常識を身に付けようとしている自分に腹が立っているのかも。

S：世間一般の考えに染まろうとしている自分に腹が立っているとか。

S：自分の尺度では測ることのできないものに出合った時に，それを単純に信じられなくなってしまった自分に腹が立っているってことか。

如何でしょう。何て哀しい物語ではありませんか。

子どもの時は，自分の尺度で測れないものでも無邪気に信じることができたのに，今は，それを簡単に信じることができなくなっている――それが哀しいのだけれど，その哀しさを上手に処理できないために，それは苛立ちとなり，ぐうちゃんへの攻撃的態度となって現われたのですね。

思春期に抱く苛立ちの多くは物事をうまく処理できない自分に起因しています。他者への攻撃の多くは自分に向けるべき攻撃の矛先を他に向けているだけです。

どんどん脱線して申し訳ありませんが，「この物語，哀しくないですか」と言い放ったその学生は，ぐうちゃんのように就職せず，単身で海外に旅立

ちました。もっともっと知らない世界を覗いてみようとして。出来すぎた話に聞こえるかもしれませんが本当です。随分前のことになりますが，筆者も学生時代，1年休学をして自転車にテントや寝袋を括り付けて海外を旅しました。ですので，ぐうちゃんの気持ちも分かるような気がしていますし，作者椎名誠がこの作品に託そうとした気持ちも分かるような気がしています。

　ぐうちゃんは言います。

　「世界は，楽しいこと，悲しいこと，美しいことで満ち満ちている。誰もが一生懸命生きている。それこそありえないほどだ。それを自分の目で確かめてほしいんだ。」

　これは，いつまでも「子ども心」を捨てずに『わしらは怪しい探検隊』シリーズを執筆した作家椎名誠氏から，現代の子どもたちに向けたメッセージそのものだと筆者は受け止めています。

内化　獲得する〈物語の法則〉

【大人になることの心の痛みと苛立ちの正体】

外化　〈読み方〉を活用させる

　小学校光村図書の教材「カレーライス」（重松清）が同じ構図をしています。主人公の苛立ちを話し合ってみましょう。

まとめ　挑発的に次のことをメタ認知させる

　【板書】思春期のわたしたちは，自分の心をうまく処理できない時，その
　　　苛立ちを他者（特に大人）への攻撃に転嫁することがある。

リフレクション

　【指示】ぼくがぐうちゃんに苛立った理由の〈納得解〉をまとめましょう。

第4章

教材研究編

小・中学校教材の〈物語の法則〉と〈読みの方略〉

ここでは，様々な教科書教材で発見される〈物語の法則〉と〈読みの方略〉をたくさん紹介したいと思います。教材研究として参考にしてもらうことを意図して提示します。

1年 「おとうとねずみチロ」（もりやまみやこ）

東京書籍1年下／令和2年度版

　この物語は，3匹のねずみの兄弟のお話です。お兄ちゃんとお姉ちゃんから意地悪なことを言われた末の弟のチロが，おばあちゃんから「しましまのチョッキ」を編んでもらうお話です。上の兄弟から冷たくされていた末の子の物語というと，『シンデレラ』がすぐに思い浮かぶことでしょう。このほかにも，『長靴をはいた猫』や，『三匹のこぶた』など，末の子が主人公だったり，末の子が活躍したりする話はたくさんあります。これらは，〈末子成功譚〉と呼ばれます。

　なぜ，物語の世界では末の子が活躍するのでしょう。これは一考に値します。「昔は長男ばかりが重宝されて，末っ子は邪険に扱われていた，その憂さ晴らしであった」「もともと末っ子は要領がいい」などなど，様々な解釈があるでしょう。

　少子化の昨今においては，第二子や第三子であるより第一子である確率が圧倒的に高いわけですから，最近の子どもたちからすると「長子が活躍してもいいのに，なんでだろう」と思うことでしょう。

　教室で，「どうしてなんだろうね」と話題にしてもよいでしょう。

　なお，本教材では，「チロの声はおばあちゃんに届いたのかな」という問いがあがるように作品が仕掛けられています。「しましまのチョッキが届いたから，声も届いている」といった意見や「届いていたらチョッキにお手紙が入っているはず」といった意見が交流されて楽しい学習活動となるでしょう。

1年 「はなのみち」(おかのぶこ)と「おむすびころりん」

光村図書1年上／令和2年度版

　この2つの作品は，いずれも〈怪我の功名物語〉と言えます。

　「はなのみち」では，くまさんは2つのことを知りません。1つは袋の中に入っているもの。もう1つが袋に穴があいていること。くまさんは，袋の中のものが何なのか教えてもらおうと，りすさんの家を訪ねます。が，袋は空っぽ。やがて，くまさんの家からりすさんの家に1本の花の道ができましたというお話でした。

　おっちょこちょいのくまさんの愛らしさ，そして，ドジな行為が結果として花の咲く道をつくったという展開が，なんとも微笑ましい作品です。

　失敗しても，くよくよせず，おおらかに受け止めていると，楽しいことが待っている——そんなことが，この作品を音読することで刷り込まれていきます。ポジティブ思考の刷り込みにピッタリの作品です。

　失敗をおおらかに受け止めることのよさは，次の「おむすびころりん」に受け継がれます。

　「おむすびころりん」は，様々なバージョンがあります。標準的なお話ですと，おむすびを落としたおじいさんは，ねずみたちの歓迎を受けて，最後に「小さい打ち出の小槌」と「大きい打ち出の小槌」の選択を迫られ，「小さい」ほうを選んで財宝を手にします。そして，それを聞いた卑しい隣のおじいさんは，「大きい」ほうを選んでエライ目に遭います。「こぶとり爺さん」でも同じ構造をしており，いわゆる〈無欲と強欲〉の〈対比〉が効いている昔話です。

　「はなのみち」と「おむすびころりん」は，いずれも暗唱できるまで音読するとよいですね。失敗にくよくよせず，おおらかに生きていくことのよさが，自然と身体に刷り込まれていきそうです。

1年 「たぬきの糸車」（きしなみ）

光村図書1年下／令和2年度版

　これは，言わずと知れた〈動物報応譚〉です。平たく述べると〈**動物が恩返しする物語**〉です。昔話では「鶴の恩返し（鶴女房）」や「ねずみのすもう」をはじめとして，日本各地で様々な動物報応譚が見られます。

　これらの民話は，音読を繰りかえすことで「優しいこころで接すれば，その結果，よいことが待っている」という道徳観を刷り込んでいけるでしょう。学童期にはとても必要な刷り込みです。

　この作品では次の学習課題を投げ掛けてみてください。

　「たぬきが一番うれしかったのは，次のどこでしょう。」

　　　1　おかみさんに逃がしてもらったところ

　　　2　糸車を上手に回せるようになったところ

　　　3　おかみさんに恩返しできたところ

　　　4　しかも，それをおかみさんに気付かれたところ

　　　5　そして，そのおかみさんの表情を見たところ

　自分の〈納得解〉を探すオープンクエスチョンです。

　この作品は，「逃がしてもらう」→「恩返しする」→「その恩返しを相手が喜んでくれる」→「相手の喜びを確認する」というところまで描いています。「たぬきは，ふいに，おかみさんが　のぞいているのに気が　つきました」とありますが，「この時のおかみさんは，どんな表情をしているかな」ということも考えさせたいものです。

　そして，「うれしくて　たまらないと　いうように，ぴょんぴょこおどりながら」帰るたぬきをペープサートなどで動作化させて，たぬきの喜びとおかみさんのうれしさを教室の子どもたち全員で共有し合いたいと思います。

1年 「サラダでげんき」（かどのえいこ）

東京書籍1年下／令和2年度版

〈登場人物の属性〉という物語の分析の方法に気付かせたい作品です。熊田里佳氏（2018）が，〈登場人物の属性〉の1つである**〈動物という登場人物の属性〉**について，教科書教材で調査しています。たとえば，「ごんぎつね」は「きつね」が主人公です。私たち読み手は，「きつねはもともと悪戯好きであり狡猾であり，すばしっこくて人間に迷惑を掛ける動物だ」という先入観をもって「ごんぎつね」を読み進めます。作品はその前提を活かして展開していきますが，最後の場面でこの先入観が覆えされます。その疚しさにより悲劇性が強まるわけです。このように，作品の登場人物をどの動物にするかという初期設定は，読みを左右する装置となって私たち読み手を巧みに誘導します。たとえば，人を騙す里山の動物には「たぬき」もいますが，「ごんぎつね」を「たぬき」にすると，どこか締まりのない「ゆるい作品」になりそうです。その逆に，教材「たぬきの糸車」（きしなみ）は，「きつね」ではなく，「間の抜けた愛らしさ」をもった「たぬき」が似つかわしいと言えるでしょう。

さて，この「サラダでげんき」には様々な動物が出てきて，その動物にふさわしいサラダの「素材」「味付け」「調味料」を提案します。

「のらねこ」は「のっそり　入ってきて」「かつおぶし」のアイデアを主人公りっちゃんに伝えます。

「犬」は「とびこんでき」て「ハムサラダ」を。

そして，「すずめ」は「とうもろこし」，「あり」が「おさとう」，「うま」が「にんじん」，「白くま」が「こんぶ」……と続きます。

いずれも，その動物にフィットしたチョイスです。

登場人物の属性を教える前段階として，本作品は，こういった動物の習性や特性が活きていることに気付かせたいところです。

小学校1年生には難しいかもしれませんが，「あなたなら，どんな動

物を登場させて，どんなサラダにしますか」と聞きたいものです。反応が薄かったら，次のような助言を与えます。

「ねずみだとどうかな。ねずみの好物って何だろう」

「ハトだったらどうかな。ぽっぽっぽ，ハトぽっぽ……」

「みんなが飼っているペットは何を食べているかな」

「動物の好物って知っている？」

こういった活動はアフターストーリィ作成の第一歩にもなります。読みの楽しさを広げてくれるでしょう。

なお，熊田氏は平成27年度版の小学校教科書5社すべての文学教材にあたって，どんな動物が登場しているかを調査しています[27]。一番登場した回数が多かった動物は何だと思いますか。

「きつね」「いぬ」「ねこ」「くま」「たぬき」……さて，どれが多かったでしょう。

すると次のような数だったそうです。1位「きつね」19作品。2位「くま」14作品。3位「いぬ」と「ねずみ」12作品。

なんと「きつね」が一番多く〈キャスティング〉されていたのです。「いぬ」や「ねこ」を差し置いて作家にモテモテの動物なのでした。

なぜ，それぞれの作品の登場人物が初期設定で選ばれたのか考えてみると，腑に落ちることが多いはずです。

再び「ごんぎつね」に話を戻してみましょう。「きつね」は稲荷神社で祀られているように神に近い動物です。「ごん」は兵十に撃たれてしまいますが，もともと神様になることが宿命付けられていたのかもしれません。

作家は，このように〈動物の属性〉を考量したうえで登場人物を設定しています。そして，それは動物だけに限りません。性別，年齢，人種，職業といった様々な〈登場人物の属性〉を初期設定として作品に埋め込んで，作品を語り出しているのです。

1・2年 「スイミー」（レオ・レオニ）

東京書籍１年下，教育出版１年下，光村図書２年上，学校図書２年上／令和２年度版

「スイミー」は、〈弱いものが力を合わせることで強いものに打ち勝つことができるお話〉であり、かつ〈異端児活躍物語〉です。道徳的な意味合いも含めながら授業を展開したい作品です。ただ、教師側からそれを押し付けるのではなく、子どもたちに気付かせたいところです。

〈異端児活躍物語〉というのは、「他とは違う登場人物が、他と違っていることをプラスに変えて活躍するお話」です。

子どもたちに、「仲間たちの中で、みんなが赤い色をしているのに、自分だけ黒い色をしているのって、どんな気持ちかな」と尋ねてみましょう。「フランスでは人と同じということは恥ずかしいことであり、個性が強いことが善である」と聞いたことがありますが、日本はきわめて同調圧力の強い国です。

金子みすゞの「みんなちがって、みんないい」はずですが、それを連呼してもその考えは定着しません。「スイミー」が、黒い色をしていたからこそ、大きな魚の目となり、大きな魚を追い出すことができたのだという事実を正確に押さえましょう。ディズニー映画『ダンボ』や『みにくいアヒルの子』など、他者と違っていることを苦にしていた主人公が集団に受け容れられる話を、本教材と合わせて紹介したいところです。

また、〈弱いものが力を合わせることで強いものに打ち勝つことができる物語典型〉も痛快です。子どもたちにしてみれば、自分たちも「弱い」存在ですから、この類いの話が大好きです。「大きなかぶ」もそれに準じていますし、「ブレーメンの音楽隊」もその種の物語です。

「小さくても、みんなで力を合わせることで、強いものに勝てるんだ」といった感想が子どもからあがるような授業を行いたいものです。

2年 「名前を見てちょうだい」（あまんきみこ）

東京書籍2年上／令和2年度版

　「好きな小学校教科書教材をあげてください」と尋ねられたら，筆者は迷わず本作品をあげます。本作品は，「イノセントには敵わない」という主題を鮮明に描いています。この作品をご存じないという先生には，是非読んでほしい痛快なファンタジーです。

　この作品で気になる〈仕掛け〉は「大男とは何者か」です。

　大男は，他の登場人物のきつね，牛，えっちゃんと大きく異なります。生き物と化け物という違いだけではありません。えっちゃんには，「うめだえつこ」という名前がありますし，きつねと牛は，「のはらこんきち」，「はたなかもうこ」と名乗ります。しかし，大男には名前がありません。また，きつねは，「白い」すすきをもっており，牛は「青い」空をまぶしそうに見上げています。えっちゃんは，「赤い」すてきな帽子をお母さんからもらっていました。これらの登場人物はみな，固有の色と対応した「名前」をもつ「パーソナリティ（個人）」として描かれていました。

　これに対して大男は，「七色の林」にどかんとすわっています。大男は「固有の名前」をもたないばかりか，「固有の色」とも対応していません。この「固有の名前」をもたず，「固有の色」をもたない大男は，「自分」という「中身」をもっていないことを意味します。自分の意志，自分の特徴，そういった「自分」そのものがない空っぽの存在とも言えるでしょう。それでいて，大男は「したなめずりを　して，じろり　じろり　見下ろしながら」「『もっと　何か　たべたいなあ』」と，えっちゃんたちを恫喝します。いわば中身がないのに（いや，中身がないからこそ）風体を大きく見せ威嚇しているのですね。この化け物に対して，臆病なきつねと牛は簡単に退散します。もともと自分の帽子ではないので帽子に対する思い入れがないからか，呆れるほどの軽薄さです。

この大男ときつねと牛の絡み合いは，我々大人の読み手に，現代社会の寓話として映ります。

　実力がなく中身もないのに，それなりの地位を得て威張る人間はどの社会にもいるでしょう。ちょっと突けば，「空気の　もれる　風せんのように，しぼんで」いく見かけ倒しの人間です。そして，その偽りの有力者の剣幕に怖じ気付き，挑むこともせずただ尻尾を巻いて遁走する臆病な者たちもまた，いることでしょう。彼らは，自分より弱い相手に対しては横柄に振る舞い，自分より強い相手からは素早く身を引く卑怯者です。中身のない権力者と，日和見のお調子者——それは，歪んだ現代社会への皮肉なのかもしれません。

　しかし，この物語世界で理不尽な世界に連れ去られたえっちゃんは，中身がないただの虚仮威し，媚びることも怯むこともなく敢然と立ち向かいます。

　「あたしは　かえらないわ。だって，あたしの　ぼうしだもん。」

　「たべるなら　たべなさい。あたし，おこって　いるから，あついわよ。」

　なんと迷いのない堂々たる態度でしょう。彼女が立ち向かう理由は，わたしの「名前」が刺繍された帽子を取り返すためです。「わたし」を奪おうとする者に湯気を立てるほど激昂しているからです。彼女には，権力からの逃げも，権力への諂いもありません。**「無邪気な正義」**があるだけです。「名前」はその人物のアイデンティティそのものです[28]。

　果たして，彼女は自分のアイデンティティを失うことなく奪い返しました。この物語は，理不尽な社会にあっても迷わず「正しいことを正しい」と主張する少女が，自身のアイデンティティを喪失せずに，「中身」のない見かけ倒しを「風せんのように，しぼ」ませ，日和見のお調子者を蹴散らした痛快な寓話です。

　えっちゃんは，はじめから最後まで，迷いのない正義の少女です。えっちゃんのイノセントなこの姿に，どうして感動せずにいられましょう。

3年 「はりねずみと金貨」（ウラジーミル・オルロフ）

東京書籍3年上／令和2年度版

　〈登場人物の属性〉からすると，主人公は「はりねずみ」であり，「カラス」や「クモ」といったどちらかというと人間には不人気の動物が〈キャスティング〉されています。しかし，描かれている世界はハートウォーミングですので，これも動物のイメージとのギャップが利いています。

　「貨幣（金貨）」は「対価を可視化する道具」です。「金貨」をカラスやクモたちが受け取らなかったのは，なぜなのでしょう。そのまま学習課題として子どもに考えさせたいところです。

　それは，「これまではりねずみのお爺さんがしてきた対価として，爺さんに優しくしてあげたかったから」です。「お爺さんに優しくしたけれど，金貨（対価）を受け取らなかった」わけではありません。順番が逆なのです。また，「お爺さんに優しくした」のは「贈与」でもありません。繰り返しますが，「これまでのお爺さんの優しさ」の「対価（金貨）」が「お爺さんへの優しさ」でした。

　「金貨は必要だったのかな」という問いを子どもに投げ掛けることもできますが，この問いの解答は，ここに帰結します。「これまでお爺さんに優しくしてもらっていたから，彼らは，お爺さんに優しくしたんだね。彼らの優しさが，お爺さんの（これまでの）優しさへの金貨だったんだね。」といったところに着地させたいものです。

　なお，本教材の解釈として，1人の学生が「実際に授業をした時には，子どもにも『優しさのループ』が起こるとよいな，と願いながら授業を行いたいと感じました。」と感想を寄せていました。

　貨幣は巡ることで経済を活性化しますが，この作品は，貨幣よりも「優しさ」が巡ると素敵な世界になるということを描いています。

3年 「まいごのかぎ」（斉藤倫）

光村図書3年上／令和2年度版

　「初雪のふる日」で〈アイテム〉に着目する〈読みの方略〉を説明しましたが，本教材はまさに〈アイテム〉が鍵を握っている作品です。その鍵とは，閉ざした心を解放してくれる，文字通りの「かぎ」でした。心の扉を開く〈アイテム〉だということです。

　「さくらの木」も「ベンチ」も「あじの開き」も「バス」も，みんな「本当は自由に解放されたい気持ち」を押し殺しています。なぜなら，その気持ちを解放することは「よけいなこと」と評価される社会的圧力があるから……そういう尾崎豊的な定型で語られている作品です。

　この「まいごのかぎ」は，本来自由であるべき自分を見失っている，つまり「迷子になっている自分自身」を解放してくれる「かぎ」でした。「かぎは迷子なの？」という子どものつぶやきがあがったら，それはそのまま子どもに問い返しましょう。迷子なのは「かぎ」ではなく「りいこの心」のほうだったわけです。バスや鰺が心を解放して，楽しそうにしている姿を見たことで，りいこはその自分の心を解放しました。これはまさに，自由な気持ちの獲得であり，〈自己解放の物語〉です。

　心の鍵を開けたまま，その心を閉めていないので，りいこは，その解放された自分を受け容れて生きていけることでしょう，いや，そうでなければハッピーエンドと言えません。ですから，もし，りいこの心が本当に解放されたのなら，これから絵を描く時は（思ったまま描かない自由も含めて）思ったまま描けるわけですし，「よけいなこと」だと悩まないはずです。「子どもの発想は豊かで無限である。その子どもの発想に蓋をしているのは無神経な大人たちなのだ」という大正自由教育主義の旗を振った山本鼎を思い出します。「子どもの内なる自由な力を解放せよ」……そういうイデオロギーが底流する作品です。

1年 「星の花が降るころに」（安東みきえ）

光村図書1年／令和3年度版

　アフターストーリィを書かせる言語活動が行われているようです。そして，生徒の多くは戸部くんとラブラブになると書き，何人かは夏実とまた仲良くなるというチープなストーリィを書くそうです。しかし，夏実とまた仲良くなるという可能性は高くはありません。

　この作品では，昨秋の「銀木犀」と，今の「銀木犀」を〈対比〉してみましょう。そこに仕組まれた〈仕掛け〉に気付くはずです。そして，その違いが何を表しているのか，考えさせたいところです。

　特に取り上げたいのは次の表現です。

　「『これじゃふめない，これじゃもう動けない。』」

　これは夏実の台詞です。主人公にとっては「秘密基地」であり「甘い香り」のした銀木犀でしたが，夏実はすでに昨秋から，そこから「動き出したい」と思っていたのですね。これは衝撃的な思い込みです。この事実に気付くと，主人公「わたし」が**「思春期にありがちな肥大化した自意識過剰な自分に呪縛されていること」**が見えてきます。それに近い生徒の意見が拾えたなら，次の学習課題へつなげてください。

　「主人公の『わたし』が自意識過剰かも……と思える箇所がたくさんあります，探してみましょう。」

　生徒に発表させると，たくさん見付かります。そして主人公がたいそう痛々しく見えてきます。例えば，戸部くんは主人公を何とも思ってないかもしれないわけです。少女漫画的には，語り手に同化して戸部くんは「わたし」に好意を抱いていると読みたいところですけれども。

　しかし，ここはクールに「自意識過剰な思春期から脱皮すると，気持ちがラクになれるんだよね」と，その渦中にいる生徒たちに気付かせたいものです。「それもこれも，あなたの思い込みかもね……」と。

2年　「セミロングホームルーム」（戸森しるこ）

三省堂2年／令和3年度版

　これまでの教科書では取り上げられなかった脱力感のある可笑しみのある作品です。そして、その可笑しみは、〈語り手〉の脱力系の〈語り〉にあります。是非、「この作品の可笑しみがどこからくるのか、自由に交流しよう」といった読者論的な授業を展開してほしいと思います。

　メディアではお笑い芸人が司会者やコメンティターをやるバラエティ番組のオンパレードです。しかし、彼らのどこがなぜ面白いのかということはなかなか言語化しにくいものです。そういった点でもこの学習活動は生徒たちに好意的に受け止められることでしょう。国語教室でガールズトーク、ボーイズトークに花を咲かせてあげてください。

　特に、わたし（竹内）が、トリノに好意を寄せている表現に着目させたり、わたし（竹内）はちょっと斜めに黒岩先生を風刺しているけれども実は結構先生を信頼しているといった表現を取り上げたりしてみましょう。紙幅の関係でその叙述はあげませんが、盛り上がるでしょうし、叙述を根拠として推論する楽しさも味わうはずです。

　そして、「瀬尾くんはいつからセミに気付いていたのだろう」、「『ばいばい。』は誰の言葉なのか」といった連続性のある問いが生まれることを期待します。これに関して筆者は、「瀬尾君の繊細な心」や「瀬尾くんをこれまで貶めようとしていた何か」に対して、竹内たちが「ばいばい」と手を振っていると〈深読み〉したいところです。

　瀬尾君の成長を予感させる描写は1つもありませんが、直感的に「このトリノや竹内のような生徒がいるクラスはきっと大丈夫、瀬尾くんのような子を仲間としてニュートラルに受け入れてくれるし、彼を含めてよい学級をつくってくれるだろう。そして、その学級の力が瀬尾くんをちゃんと成長させてくれるだろう」と予見させてくれます。

3年 「挨拶」（石垣りん）

光村図書3年／令和3年度版

　この詩には様々な〈仕掛け〉が用意されてあります。そして，その〈仕掛け〉を読み解いていく楽しさがあります。

　まず，最初に，「この作品で描かれている挨拶は，誰が，誰にする挨拶なのでしょう。」石垣りん（1971：130）は「弟に召集令状が届けられた時，私は両手をついて『おめでとうございます』と挨拶しました。」と書いています。詩が生まれた背景も押さえながら扱いたい教材です。また，「原爆の落ちる前日の朝の顔」と「（現代に生きる）私たちの朝の顔」は何が同じで，何が違うのでしょう。「安らか」と「やすらか」で区別されている違いは，「見きわめなければならない」情報の多寡や，「えり分けなければならない」判断を有する権利の有無，「地球が原爆を数百個所持している」という違いから類推することになります。

　この〈対比〉を読み取ると詩人がこの詩で何を問題としているかが顕在化します。見極めなければならないものは目の前にあり，えり分けなければならないものは手のなかにある，それなのに，それをしていない私たちがいるということです。昨今の不穏な国際情勢を見ると，「ヒトラーがした迫害も戦闘行為も，すべて当時の法律に則って，あくまで合法的に行われた。」という事実を私たちは思い起こす必要があるでしょう。

　さて，「やすらかに　美しく　油断していた。」という表現は，ここで是非とも取り上げたい修辞法です。「油断」というマイナス語を「やすらか」「美しく」という肯定的な語と組み合わせている〈オクシモロン〉〈撞着表現〉という技法です。筆者が好きなオクシモロンを1つ紹介しましょう。サッカー日本代表元監督のイビチャ・オシム氏が，惨敗した試合の後に言い放ったコメントです[29]。

　「今日の試合の最大の収穫は，全員が最低のプレーをしたことだ。」

【注釈】

1　植山俊宏氏（2020：5）は,「文学対ゲーム・SNS・ユーチューブの勝敗は,ゼロ百の状態といってよい。文学の完敗である。文学はおもしろくないのである。」と述べています。

2　白石海里氏・佐藤佐敏（2019）は, 1週間（5日間）朝の会を活用したアニマシオンのプログラムを作成し, 福島県公立A小学校にて短期集中型プログラムにより図書館の貸出冊数が向上したことを確認しました。統計処理をしたところ有意であり, 読書意欲の向上が検証されましたが, 短期集中型だとその効果も短期で終わる可能性が高いことを分析しています。

3　分かりやすく述べようとすると正確さに欠けていきます。詳しくは学習指導要領解説で確認してください。

4　鶴田清司氏（2019：14）は,「『深い学び』は, 教材との対話, 他者との対話, そして自己内対話を通して成立するのである。」と述べています。国語の読みは, まず「教材（テクスト）と対話」することがすべての基盤となります。そして「他者（仲間）との対話」は,「仲間がテクストとどう対話していたのかを聞き, 自分がテクストとどう対話していたのかを話す」姿として現れます。

5　一般的にラーニング・ピラミッドで記される言語活動は, このほかに「視聴覚（Audio-Visual）」「デモンストレーション（Demonstration）」が加わります。

6　土屋耕治氏（2018：63-64）は, その出自を確認し, 様々な文献を紐解きながら,「現在流布しているラーニングピラミッドの数値には根拠もなく, その妥当性も乏しいばかりか, 出自に関しても到底科学的とは言えない変更が加えられてきている。」と述べています。

7　K・イグレシアス氏（2016：166）は,「ヒッチコックによる造語であり, ヒッチコックはプロットを機能させる仕掛けとしてこのマクガフィンを多用した。」と述べ, 物語を前に進めるためだけに機能する解き明かされない謎であることを説明しています。

8　「知覚を通す」という例は紙幅の関係で割愛します。

9　三宮真智子氏（2008：60）は,「（方略を知識としてもっていてもそれを使わない）1つの原因は, 学習者自身がその方略の有効性を実感していないことである。方略に対する有効性の認知は, 方略に関するメタ認知的知識の一部ととらえられ, 方略使用に影響する重要な要因と考えられている。ただし, 単なる知識としてではなく, 深い実感を伴っていることが重要であろう」と述べています。

10　都築誉史氏（2010：256）が,「ジック＆ホリオークの要塞問題を腫瘍問題に類推する実験」について説明した部分を筆者が要約しました。

11　辰野千壽氏（2006：223）は「一般的原理・法則は，具体的な事実や情報すなわち知識よりも転移しやすいという性質があります。」と述べています。

12　2016年11月19日開催の日本国語教育学会福島地区研究集会で高野保夫氏が「宮沢賢治作品の授業化をめぐって」という題目でご講演をされた時のお話です。

13　「指導事項」に対応した「評価規準」にするという指導は，「指導と評価が乖離している」という批判に対応した措置であることを筆者は理解しています。また，「基本的に」という表現ですので，「指導事項に完全に一致しなければならない」ということではないでしょう。しかしながら文部科学省が各都道府県の指導主事へ行った伝達講習では，その縛りが強く受け取られているようですので敢えてこのように書いています。

14　これは，松下佳代氏（2015）著『ディープ・アクティブラーニング』が提示している学びのサイクルを参考にしています。

15　山元隆春氏（2005：163）は，Ｌ・ローゼンブラッド氏やＷ・イーザー氏らの理論を紹介しながら，「〈読者反応理論〉の〈間主観的モデル〉に従うと，〈文学テクスト〉の〈読み〉は，〈読者〉が〈文学テクスト〉の〈ストラテジー〉に反応しながら自らのうちに〈一貫性〉を形成していくことで，〈文学テクスト〉を〈文学作品〉として成立させていく営みだ，ということになる。」と述べ，作品は読者とテクストとの交流のうちに成立するということを説明しています。

16　田川朗子氏（2020）は，平成8〜令和2年度版の小学校国語教科書5社のすべての文学教材の「学習の手引き」を調査し，手紙を書く活動の特徴（手紙の送り手や受け手の設定等）の経年変化や学年別の傾向などを分析しています。

17　「モチモチの木」の〈語り〉の妙味についての解釈は，西郷竹彦氏（1995：29-31）が述べていることを参考にしています。

18　この追悼の儀式の余韻は，「無言で行われるところ」にあります。本件については，実践「風切るつばさ」で説明します。

19　生井さやか氏（2021）は，小・中学校国語教科書教材で登場する〈アイテム〉を一覧表に整理しています。「少年の日の思い出」の「ちょう」，「星の花の降るころに」の「銀木犀」，「まいごのかぎ」の「かぎ」など多くの作品において〈アイテム〉に着目するという〈読みの方略〉を活用することで，読みの世界が深まることを分析しています。

20　物語では「だが，もちろん，そうではなくて，……」と続いています。読者はそこで本作品が怪奇物語（ホラー作品）でないことに安堵するのですが，これは逆にとてもトリッキーな展開をみせます。語り手はウラのウラをかいていて，文字どおり「だれか（アヤ）が，わたし（綾）をさがしていた」という回答を明示していたのでした。作品に仕掛けた功名なトリックだと言えます。

21　大塚英志氏（2009：152）は，「ハリウッド映画はこの時点でキャンベル／ルーカス型の物語構造を『ヒーローズ・ジャーニー』と呼ばれるマニュアルに昇華し，それはディズニーの『ライオンキング』のストーリー開発に関与したクリストファー・ボグラーによってマニュアル化されている」と述べています。

22　B・スナイダー氏（2010：58）は「主人公は何かを求めて〈旅に出る〉のだが，最終的に発見するのは別のもの＝自分自身というストーリーである。」と述べています。しかし，常に「別の何か」を得るというわけではなく，望んでいたものを手に入れるというパターンも少なくはありません。C・ボグラー氏＆D・マッケナ氏（2013：87）は，「〈日常世界〉にいるヒーローが，〈冒険の誘い〉を受ける。最初はしぶしぶ〈戸口の通過〉を果たすものの，〈試練，仲間，敵〉に出会っていく。〈最も危険な場所〉にたどりついたヒーローは，〈最大の試練〉に打ち勝つ。そして〈報酬〉を手に入れ，追いかけられながら自分の世界への〈帰路〉につく。ヒーローは自身の体験によって〈復活〉し，生まれ変わる。そして，自分の世界に恩恵をもたらす〈宝〉や霊薬を持って，〈日常世界〉に〈帰還〉する。」と述べています。

23　2021年7月現在であり，今後の物語展開によっては結末が変化するかもしれません。

24　「父親殺し」や「母親の存在」に関する「海のいのち」の解釈は，佐藤佐敏（2017a）が初出です。

25　「胎内回帰」説に関しては，髙橋正人氏（2020）の解釈を参考にしています。

26　この方法論は本著の前作である『国語教育選書　国語科授業を変えるアクティブ・リーディング—〈読みの方略〉の獲得と〈物語の法則〉の発見—』の実践編「故郷」で説明していますが，寺崎賢一氏（1988）の方法論に基づいています。

27　熊田里佳氏（2018）によると，5位以下は次のとおりだったということです。「5位『うさぎ』『ねこ』11作品　7位『蛙』『狼』5作品」

28　大塚英志氏（同：163）は，「名の喪失あるいは回復とは主人公の自己実現のプロセスとして位置付けられている。」と述べ，ジブリアニメにおける登場人物の「名前」の欠落が意味するところを解説しています。「名前」の喪失と回復は，まさにアイデンティティの喪失と回復を意味しますし，「固有色がない」ことは個性の欠如を象徴していると考えられます。

29　これは，I・オシム氏がJリーグのジェフユナイテッド市原・千葉の監督時代にヴィッセル神戸に0−3で惨敗した時の台詞であり，様々な表現で言い伝えられています。I・オシムの通訳をしていた木村元彦氏（2008：20）は次のように筆記しています。「2連勝して選手は自惚れてしまい，傲慢なプレーをしてしまった。今日，唯一良かったのは全員が最悪のプレーをしたという点だ」

【文献】

Ｂ・スナイダー　菊池淳子訳 2010『SAVE THE CAT の法則―本当に売れる脚本術』フィルムアート社

Ｃ・ボグラー　岡田勲監訳　講元美香訳 2002『夢を語る技術5　神話の法則―ライターズ・ジャーニー』ストーリーアーツ＆サイエンス研究所

Ｃ・ボグラー＆Ｄ・マッケナ　府川由美恵訳 2013『物語の法則―強い物語とキャラを作れるハリウッド式創作術』KADOKAWA

Ｆ・Ｍ・ニューマン　渡部竜也・堀田諭訳 2017『真正の学び／学力　質の高い知をめぐる学校再建』春風社

Ｋ・イグレシアス　島内哲朗訳 2016『「感情」から書く脚本術―心を奪って釘づけにする物語の書き方』フィルムアート社

Ｒ・バルト　花輪光訳 1979『物語の構造分析』みすず書房

池田久美子 2008「読み書きにおける「論理的思考」―「教室語」が考える力を奪う」慶應義塾大学出版局編『教育と医学』56巻9号

石垣りん 1971「詩を書くことと，生きること」『現代詩文庫46　石垣りん詩集』思潮社

石原千秋 2005『国語教科書の思想』筑摩書房

植山俊宏 2020「国語科教材研究の再構築」全国大学国語教育学会編『国語科教育』第87集

内田樹 2007『私の身体は頭がいい』文春文庫

内田樹 2008『知に働けば蔵が建つ』文春文庫

大塚英志 2009『物語論で読む村上春樹と宮崎駿―構造しかない日本』角川書店

木村元彦 2008『オシムの言葉―フィールドの向こうに人生が見える』集英社

熊田里佳 2018『国語科教材における〈動物の属性〉とその役割』（非売品）

小池一夫 2016『小池一夫のキャラクター創造論　読者が「飽きない」キャラクターを生み出す方法』ゴマブック

国立教育政策研究所編 2016『資質・能力［理論編］』東洋館出版社

国立教育政策研究所教育課程研究センター 2020『「指導と評価の一体化」のための学習評価に関する参考資料』東洋館出版社

小浜逸郎 1999『「弱者」とはだれか』PHP 研究所

西郷竹彦 1995『西郷文芸学入門ハンドブック3　虚構論入門―虚構・真実・美』明治図書

佐藤佐敏 2017a「身体反応に基づく『海のいのち』の教材論―遡及的推論と叙述の響き合い―」『福島大学人間発達文化学類論集』25号

佐藤佐敏 2017b『国語教育選書　国語科授業を変えるアクティブ・リーディング―

〈読みの方略〉の獲得と〈物語の法則〉の発見』明治図書

佐藤佐敏 2018「復興の未来を読む国語科単元開発―東日本大震災後の福島における国語科教育モデルの構築（Ⅱ）―」福島大学地域創造支援センター編『福島大学地域創造』第30集1号

三宮真智子 2008『メタ認知―学習力を支える高次認知機能』北大路書房

島田雅彦 2017『深読み日本文学』集英社インターナショナル

白石海里・佐藤佐敏 2019「アニマシオンの短期集中型プログラムの開発―「朝読書」の時間を活用した実践の成果と課題―」福島大学国語教育文化学会編『言文』66号

髙橋正人 2020『文学はいかに思考力と表現力を深化させるか―福島からの国語科教育モデルと震災時間論』コールサック社

田川朗子 2020「文学教材における手紙を書く学習活動　国語科教科用図書の傾向と分析―」全国大学国語教育学会編『第139回秋期大会研究発表要旨集』

田近洵一 1993『読み手を育てる―読者論から読書行為論へ』明治図書

辰野千壽 2006『学び方の科学―学力向上に生かすAAI』図書文化社

都築誉史 2010「問題解決と推論」箱田裕司・都築誉史・川畑秀明・萩原滋『認知心理学』有斐閣

土屋耕治 2018「ラーニングピラミッドの誤謬―モデルの変遷と"神話"の終焉へ向けて」『南山大学人間関係研究センター紀要　人間関係研究』17集

鶴田清司 2019「文学教育における『深い学び』のために」全国大学国語教育学会編『国語科教育』第86集

寺崎賢一 1988『授業への挑戦32　「分析の技術」を教える授業』明治図書

独立行政法人大学入試センター「大学入学共通テスト平成30年度試行調査問題」https://www.dnc.ac.jp/kyotsu/daigakunyugakukibousyagakuryokuhyoka/pre-test_h30_1111.html（最終確認2021.8.1）

長崎伸仁　桂聖 2016a『文学の教材研究コーチング』東洋館出版

長崎伸仁　坂元裕人　大島光 2016b『「判断」をうながす文学の授業―気持ちを直接問わない授業展開』三省堂

奈須正裕 2017『「資質・能力」と学びのメカニズム』東洋館出版

生井さやか 2021「教科書教材に登場する〈アイテム〉の考察―文学的文章を読む方略の獲得に向けて―」全国大学国語教育学会編『第140回春期大会研究発表要旨集』

毎日新聞東京本社 2020『読書世論調査2020年版』

松下佳代編著 2015『ディープ・アクティブラーニング』勁草書房

村上春樹 2017『騎士団長殺し　第2部遷ろうメタファー編』新潮社

山元隆春 2005『文学教育基礎論の構築―読者反応を核としたリテラシー実践に向けて―』溪水社

おわりに

　筆者は，中学校教員だった時，単元の終了時に学習記録を生徒に提出させていました。その学習記録の最後には，「（自分が抱いた）作品の謎」という項目を設けて自分で自由に追究した〈読み〉を記述させていました。

　「子どもが自由に読むこと」を保障していたのです。

　自由に読みたい生徒は，学習記録の中で「（自分が抱いた）作品の謎」に多くの頁を割いて記述していました。その中で最も読み応えがあったのは，授業を重ねることで湧き上がった新たな問いに挑んだ学習記録です。いわゆる問いの連続性により生徒自らが発展的な課題を設定し，それを追究した生徒の記録です。このような学習記録に出合いますと，最初から興味深い課題を設定できる生徒は本当に少ないということに気付きます。もちろん例外はありますが，追究するに値する面白い課題は，追究するに値する面白い課題を追究した経験の積み重ねのうえで設定できるケースが多いようです。

　本著で記した授業論に対して，「教師主導ではないか，子どもにもっと自由に読ませるべきだ」というご意見を頂戴することがありますが，これは「自分が抱いた作品の謎」を追究する時間を用意することでクリアできるのです。

　そして，子どもたちが「自ら抱いた作品の謎」を追究していく過程で，自ら〈読みの方略〉と〈物語の法則〉を発見していくことがあれば，それはまさに〈自立した読者〉となった姿と言えるでしょう。

　末筆になりますが，本著の教材観や授業展開は，福島黄鶴国語研究会での話合いから多くの着想を得ています。ここに感謝申し上げます。そして本著におきましても，明治図書の木山麻衣子様と丹治梨奈様に大変お世話になりました。お仕事をご一緒させていただくことで様々な発見があり，勉強になりました。ありがとうございました。お礼を申し述べ，筆を置きます。

　2021年10月

福島大学　佐藤佐敏

158

【作品の索引】

【著者紹介】
佐藤　佐敏 (さとう　さとし)
新潟大学大学院現代社会文化研究科博士後期課程修了。
博士（教育学）。
新潟県公立中学校教諭等を経て，平成27年4月より福島大学教授。専門は国語科教育学。実践に役立つ授業理論の構築を目指している。
単著に『思考力を高める授業―作品を解釈するメカニズム』（三省堂）『学級担任これでいいのだ！　先生の気持ちを楽にする実践的教育哲学』（学事出版）『5分でできるロジカルシンキング簡単エクササイズ』（学事出版）『国語教育選書　国語科授業を変えるアクティブ・リーディング―〈読みの方略〉の獲得と〈物語の法則〉の発見―』（明治図書）がある。「方丈記」完成800周年記念エッセイコンテスト大賞受賞（平成24年11月，京都学問所主催）。

国語教育選書

国語科の学びを深めるアクティブ・リーディング
―〈読みの方略〉の獲得と〈物語の法則〉の発見II―

2021年12月初版第1刷刊　Ⓒ著　者　佐　藤　佐　敏
　　　　　　　　　　発行者　藤　原　光　政
　　　　　　　　　　発行所　明治図書出版株式会社
　　　　　　　　　　　　http://www.meijitosho.co.jp
　　　　　　　　（企画）木山麻衣子（校正）吉田　茜
　〒114-0023　　東京都北区滝野川7-46-1
　振替00160-5-151318　電話03(5907)6702
　　　　　　　　ご注文窓口　電話03(5907)6668

＊検印省略　　　　　組版所　株　式　会　社　カ　シ　ヨ

Printed in Japan　　　　　ISBN978-4-18-261116-2
もれなくクーポンがもらえる！読者アンケートはこちらから